Uma vida guiada por
DEUS

JULIANA BOLZAN

Uma vida guiada por DEUS

SÃO PAULO, 2024

Uma vida guiada por Deus
Copyright © 2024 by Juliana Bolzan
Copyright © 2024 by Novo Século Ltda.

Editor: Luiz Vasconcelos
Coordenação editorial: Silvia Segóvia
Preparação: Andrea Bassoto
Revisão: Silvia Segóvia
Diagramação: Manoela Dourado
Capa: Debs Bianchi | Biancheria
Imagem da capa: Shutterstock / PopTika

Texto de acordo com as normas do Novo Acordo Ortográfico da Língua Portuguesa (1990), em vigor desde 1º de janeiro de 2009.

Dados Internacionais de Catalogação na Publicação (CIP)
Angélica Ilacqua CRB-8/7057

Bolzan, Juliana
    Uma vida guiada por Deus / Juliana Bolzan. -- São Paulo : Ágape, 2024.
    144 p.

ISBN 978-65-5724-133-2

1. Vida cristã 2. Testemunho 3. Fé I. Título

24-4579   CDD 248.4

Alameda Araguaia, 2190 – Bloco A – 11º andar – Conjunto 1111 CEP 06455-000 – Alphaville Industrial, Barueri – SP – Brasil
Tel.: (11) 3699-7107 | E-mail: atendimento@gruponovoseculo.com.br
www.gruponovoseculo.com.br

Tudo o que aqui foi escrito foi para a honra e glória d'Ele, o nosso Senhor!
Espero que este livro impacte a vida de cada um de vocês assim como impactou a minha.
Eu te convido a relaxar, a sentar-se em um lugar bem confortável, pois iremos decolar e viajar nas linhas que Deus tem colocado em meu coração.
Ele cuida de todos os detalhes!

JULIANA BOLZAN

AGRADECIMENTOS

Agradeço primeiramente a Deus, pois sem Ele, nada aqui poderia ser escrito. Agradeço a Ele por me salvar e me dar uma nova vida, por me libertar do mundo em que eu vivia. Sem Ele eu nada seria! Sem Ele eu não estaria aqui cumprindo o propósito que Ele tem para mim!

Agradeço a Deus por todas as manhãs, por todos os entardeceres, por todas as noites. Agradeço por todos os dias, pois cada dia é uma oportunidade de aprendizado sob Sua redentora Graça.

Agradeço a Deus por me amparar, por me fazer ver tudo aquilo que eu não conseguia ver, por colocar em meu coração o desejo incansável de escrever este livro e por me capacitar a viver o Seu propósito em minha vida.

Agradeço ao meu esposo, Nelson Dagner, que sempre esteve ao meu lado de forma tão amável e compreensível, apoiando-me e orando; companheiro e pai tão amável e dedicado, ele é aquele que Deus preparou para mim e eu sou imensamente grata a Deus por tê-lo ao meu lado; é acordar sorrindo, é se alegrar; é saber que independentemente do que possamos passar, estamos juntos, unidos por um propósito maior. Obrigada, querido, por estar ao meu lado. Você é aquele que não mede esforços para que eu viva a obra como Deus deseja, e até mesmo quando parecem estranhos os caminhos de Deus em minha vida você não questiona, apenas diz: "Segue o caminho de Deus".

Agradeço ao meu pequeno filho, Pedro Antonio, menino tão amável e temente a Deus, de um sorriso lindo e um coração tão puro. Obrigada, Deus, pelo meu filho, por ele ser essa joia bruta linda que o Senhor confiou a mim e ao meu esposo, para ser lapidado, ensinado e guiado a viver nos caminhos do Senhor.

Esse meu menino ama um devocional e a cada aprendizagem que ele faz da Bíblia seus olhos brilham pela sede de novos aprendizados. Obrigada, filho, por também ser parte deste livro, pois você, de forma contínua e progressiva, sempre me perguntava quando o livro ficaria pronto. Você nunca me deixou esquecer que eu tinha um prazo a cumprir e, então, nós nos abraçávamos e começávamos a sorrir.

Agradeço à minha mãe, Regina Celi, minha intercessora, minha amiga, mulher de Deus, mãe amável e dedicada, mulher abençoada, que se dedica a fazer a vontade de Deus. Obrigada, mãe, pelos "puxões de orelha" que perduram até os dias de hoje.

Minha mãe é aquela que serve onde precisar. Ela não faz distinção, ela literalmente doa o coração para a obra do nosso Senhor e doa com alegria. Sabe aquela que ama ajudar o próximo e fazer o que agrada a Deus? Essa é ela. Ela se doa em tudo que pode ajudar na obra de Deus: é intercessora, consolidadora, serve na cantina, na limpeza, no Carisma. Ela ajuda onde precisar e a quem precisar. O seu coração é literalmente entregue à obra de Deus.

Agradeço ao meu irmão, Francisco, rapaz de 22 anos, por ser um irmão tão amável e doce. Jovem trabalhador de coração lindo e humilde, de respostas firmes e objetivos claros. Hoje ele não está mais nos caminhos do Senhor, mas sinto que logo, logo, em nome de Jesus, esse jovem rapaz, meu irmão, voltará para os braços do Deus-Pai.

Agradeço ao meu pastor Marco Túlio e à minha pastora Alessandra, sua esposa, pelo cuidado e pela oração para com a minha vida. Para mim esses dois são o exemplo de pastoreio e cuidado quanto às vidas das ovelhas da nossa igreja. É possível ver e sentir a alegria deles em cuidar de cada ovelhinha ali presente, de ensinar, guiar, orientar cada uma delas no caminho do Senhor.

Vemos a festa que eles fazem quando uma ovelhinha perdida volta à Casa de Deus, dá para sentir a felicidade deles. Esses dois são meus amados pastores, que me orientam, cuidam e me ensinam, e que muito me ajudaram no processo de retorno à casa do Pai.

Agradeço ao pastor e professor Heidir, do Seminário Teológico Carisma, por ter sido, no decorrer de dois anos, instrumento de Deus na minha vida. Esse professor foi aquele que Deus colocou em minha vida para me fazer enxergar o que o medo até então não me permitia. Foi ele que Deus usou para profetizar em minha vida e me direcionar rumo ao meu chamado.

Agradeço a todos da editora. Foi evidente a dedicação de vocês.

É de igual maneira que agradeço a cada um que faz ou que fez parte da minha vida. Todos são muito importantes para mim. Obrigada por cada aprendizado, por cada sorriso, por cada abraço, por cada conversa, por cada brincadeira.

Amo vocês!

PREFÁCIO

A nossa vida é uma viagem fascinante e, ao mesmo tempo, imprevisível. Ela apresenta curvas, montanhas e vales que jamais queríamos entrar. Mas também possui montanhas lindas, rios que nos refrigeram, o amanhecer que nos faz crer que tudo vale a pena. Às vezes, viajamos em meio a tempestades, ora em dias calmos, sentindo o frio do deserto ou desejando pelo frescor nos dias quentes; noutras vezes entre lágrimas e sorrisos. Porém, tudo que a vida pode nos dar ou tudo que a vida pode nos tirar, nada se compara ao dia em que Ele, o Senhor Deus, veio até nós para nos libertar!

Ele vem com poder para nos libertar dos cativeiros que muitas vezes querem nos aprisionar. Ao ler este livro, escrito por uma ovelha tão preciosa, Juliana Bolzan – uma mulher que considero e admiro muito, filha de nossa igreja que tem deixado o Senhor usá-la nos dons, servindo aos irmãos em Cristo - oro para que venha até você o poder libertador revelado nas palavras do Senhor contidas neste livro. Libertação que Ele nos oferece como resultado da morte da velha vida, de tudo que deixamos aos Seus pés.

O desejo do meu coração, é que, você leitor, ao ler *Uma vida guiada por Deus*, não deixe de forma alguma de experimentar a visitação d'Ele, certamente Ele virá a você quando estiver lendo estas páginas, não ignore a presença libertadora d'Ele, e assim você poderá iniciar sempre com Ele um novo caminho, com um novo jeito de olhar o mundo espiritual, estabelecendo com Ele um diálogo diário e eterno, uma oração de amor a cada momento nesta viagem da vida, sabendo que a sua libertação faz parte da viagem.

Oro para que esta leitura seja a essência e a visão original para prosseguir a viagem da vida até aquele dia glorioso, dia em que O veremos face a face.

Tenha uma ótima leitura!

PASTOR MARCO TÚLIO

CAPÍTULO 1

A SAÍDA DA CASA DO PAI – A REBELDIA

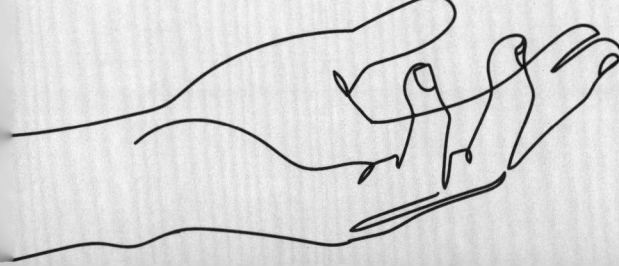

Ah... Lembro-me de minha vida quando eu ainda vivia pelo mundo afora, sob a influência do maligno. Lembro do quanto eu era triste. Havia um vazio dentro de mim que eu não conseguia preencher. Eu procurava em vários lugares, buscava em pessoas, em amigos, pelo mundo afora e em lugares onde Deus não estava. Eu pensava: como poderei eu encontrá-lo? Eu não sabia como preencher esse vazio enorme e nem por onde começar a procura, já que eu não me sentia à vontade para voltar à Casa d'Ele, e acabava por procurá-lo em lugares errados por temer ser repreendida por Ele.

Talvez, ao começar a ler este capítulo, você pare e pense que assim como eu vivia procurando por Deus em lugares errados, assim também é com você hoje, procurando por Ele sem conseguir encontrá-lo.

Muitas vezes não nos sentimos prontos para encontrar Deus-Pai. Queremos melhorar mais um pouco para, então, rendermo-nos aos pés d'Ele. É assim que muitas vezes pensamos, e esse pensamento nos afasta de Deus, pois, por conta própria, jamais nos sentiremos prontos para nos aproximarmos d'Ele.

É esse mesmo pensamento que vem e diz que você não é digno do amor d'Ele, que por ter vivido, feito e passado por tantas coisas você não merece esse amor! Na verdade, isso é você se punindo. Eu também fazia isso comigo mesma, ia a lugares que não agradava a Deus por medo de voltar aos braços d'Ele.

O medo nos cega e gera em nós um bloqueio que nos impede de enxergar a realidade de Deus em nossas vidas. E é esse mesmo medo aquele que nos faz retroagir e retornar para o mundo de erros.

E então, pensando haver um Deus punitivo, pensamos que Ele não nos aceitará, pois estamos sujos e cobertos por pensamentos, atitudes e comportamentos que não O agradam.

Não é raro passarmos por esses momentos em que somos tomados pelo medo de sermos confrontados por Deus, por medo de um Deus punitivo.

Muitas vezes, esse pensamento de punição é originado na infância, por escutarmos dizerem: "Se fizer algo errado você vai sofrer as consequências e depois não adianta chorar". Sim, esse é um jeito punitivo. Assim, a partir daí toma-se para si uma verdade que não é divina e, sim, humana. Essa é a forma humana de ensinar sobre as consequências.

De sobremaneira e por Deus ser o nosso Pai, passamos a involuntariamente entender que Deus é um Deus punitivo, pois assim como a nossa família nos repreendia, também tememos que Deus fará o mesmo conosco.

Mas venho lhe dizer que a nossa família é formada por seres humanos cheios de falhas, erros, egos, e que assim como nós ainda estão em processo de santificação. Já Deus é Deus-Pai, ser celestial, Santo, perfeito, íntegro, amigo, amável, fiel, justo, e acabamos misturando essas duas realidades distintas.

A forma divina d'Ele nos ensinar sobre consequências é a lei da semeadura.

> **2Coríntios 9:6 (ARC)** – *E digo isto: Que o que semeia pouco pouco também ceifará; e o que semeia em abundância, em abundância também ceifará.*

Aqui percebemos que não há um Deus punitivo e, sim, um Deus justo, cuja balança de justiça nos ampara.

A BALANÇA
DIVINA É A
JUSTIÇA DE
DEUS
A NOS AMPARAR.

Isaías 32:17 (ARC) – *E o efeito da justiça será paz, e a operação da justiça, repouso e segurança, para sempre.*

Com esses versículos conseguimos, então, entender que Deus não é um Deus punitivo, Ele é um Deus de Paz, Deus de Justiça; Ele é aquele em que em Seus braços encontramos o fôlego da vida; Ele é o repouso e a segurança; Ele é aquele que nos mantêm protegidos e invisíveis aos olhos do maligno.

E até mesmo você, que não se desviou do caminho do Senhor fisicamente, pode estar se sentindo afastado de Deus espiritualmente. Como? Não é tão incomum isso acontecer já que somos humanos e erramos muitas vezes, e por medo e orgulho não conseguimos enxergar a verdade.

Provérbios 28:13a (ARC) – *O que encobre as suas transgressões nunca prosperará...*

Sim, aqueles que encobrem seus pecados não conseguem caminhar com Deus. Eles se distanciam e a cada nova transgressão eles vão se distanciando cada vez mais de Sua presença.

Para melhor compreensão, vamos navegar pelas linhas da Parábola do filho perdido.

Lucas 15:11-12 (ARC) – *E disse:*
Um certo homem tinha dois filhos.
E o mais moço deles disse ao pai:
Pai, dá-me a parte da fazenda
que me pertence. E ele repartiu
por eles a fazenda.

Nessa passagem vemos um jovem (o filho mais novo), morador da casa de seu pai. Ali ele tinha proteção, cuidado, amparo, acolhimento, amor, paz, serenidade, provisão, direção, porém desejava viver a vida do seu jeito, sem regras e/ou limites.

Esse filho mais novo é aquele que conhece o Pai de perto, sabe os planos e os desejos do Pai para sua vida, mas decide sair em rebeldia, tomar para si as rédeas de sua vida e dizer: "Chega, vou viver ao meu modo!".

O Pai, aqui, representa Deus em sua vida e o filho mais novo representa você quando, em rebeldia, toma para si o controle de sua vida.

Ao pedir ao Pai que lhe dê a sua parte na fazenda, é ele, dizendo que não desejava seguir da forma orientada por Deus-Pai. O filho, então, pede a sua parte a fim de partir daquele lugar de proteção e cuidado para seguir adiante do jeito como ele bem queria, vivendo ao seu modo e sem regras.

Eu te pergunto: você já passou por essa fase e/ou ainda está passando? Ou ainda não percebeu que está levando a sua vida dessa forma?

Essa fase é aquela em que o filho diz ao Pai: "Quero do meu jeito! Quero do meu modo! Eu já sei viver e quero do meu jeito e pronto!". Sinto, em lhe dizer que isso é rebeldia.

Eu mesma já passei por isso. Eu achava que eu sabia de tudo e que era a minha hora "de bater as asas e voar". Esse é um jeito de dizer: "Já sou crescido o bastante para saber o que é melhor para mim".

Lembro-me quando retornei à igreja, depois de anos distante. E a pastora quis orientar/cuidar de minha vida. Ah, logo ali a princípio eu relutei. Tão cheia de mim mesma, eu não quis ser cuidada, eu queria somente o que eu queria e pensava saber de tudo. Sabe aquele "Ah, Deus me disse isso...", "Ah, Deus me disse aquilo"... Sim eu pensava tudo saber e por orgulho achava que não precisava de cuidado e/ou amparo, e esse foi o marco, o início de um longo ano no deserto, vivendo sem conseguir me comunicar com Deus.

Ali, então, iniciava-se um ano difícil em minha vida, em que a minha rebeldia me fez lutar contra um cuidado divino. Eu não conseguia ver que foi Deus quem a colocou para cuidar de mim, pois eu tinha muita arrogância. A minha ignorância era tanta que eu não me permitia ser humilde e aceitar conselhos, pois eu pensava saber de tudo. O meu orgulho gritava!

Ah, pobre de mim... Nessa ignorância e nessa relutância eu perdi, naquele momento, a oportunidade de andar mais próxima a Deus e de ser orientada e cuidada por Ele.

Quando em rebeldia, rebelamo-nos contra Deus, contra a palavra d'Ele, contra o cuidado e o direcionamento divino. Assim como a rebeldia me cegou naquele momento, ela também pode estar te cegando e você sequer está percebendo. Você pode até mesmo dar a ela o nome de ousadia, mas isso não passa de rebeldia, e ela nos afasta de Deus.

Provérbios 17:11a (ARA) – *O rebelde não busca senão o mal...*

Se você estiver passando por essa fase e/ou já chegou a tal ponto que ainda não consegue assumir, não se sinta mal. É compreensível, somos seres humanos, e essa fase é necessária para o amadurecimento.

A rebeldia também é sinônimo de arrogância. Neste momento você pode estar relutando em olhar para dentro de si mesmo, com medo de achá-la, e relutantemente você está dizendo, indignado:

- Ah, eu já passei dessa fase.
- Eu nunca tive essa fase. Nossa, rebelde, eu? Jamais! A rebeldia não faz parte de mim.
- Ah, rebelde é aquele que briga com pai e mãe, que sai para morar na rua quando tem uma casa para morar. Eu jamais fiz isso.
- É aquele que bate à porta e vira as costas. Nunca fiz isso. Não sou rebelde não.
- É aquele que grita, que xinga. Eu? Jamais! Eu jamais. Eu só não gosto que me digam o que tenho de fazer, mas isso não é rebeldia. Eu sou crescido e não gosto que se intrometam na minha vida.
- Eu não sou rebelde. Nunca fui. Eu fui criado para ser independente. Sabe aquela pessoa que não precisa de ninguém? Eu sou assim. Eu não preciso de ajuda, eu sei me virar sozinho. Eu sei fazer tudo, e o que eu não souber fazer olho na internet e faço. E se não der certo eu pago para fazerem. Mas pedir ajuda? Jamais! Eu não preciso que outras pessoas se intrometam na minha vida e me digam o que eu devo fazer. Mas isso não é rebeldia!

- Eu não sou rebelde, mas eu não gosto quando eu já sei o que fazer no meu ministério e uma pessoa de fora vem me dizer ou dar palpite. Eu não gosto e fico irritado. Por que querem se intrometer aqui? Não chamei ninguém!
- Eu, rebelde? Jamais! Sabe, quando estou na igreja, cada um que cuide de seu ministério. Eu não vou ajudar ninguém não. Ninguém me ajuda. Porém isso não é rebeldia!
- Eu não sou rebelde. Só não quero ouvir meus pais me dizendo o que fazer.
- Eu não sou rebelde. Mesmo quando eu não quero escutar o(a) meu(minha) marido/esposa, eu não sou não. Ele(a) não entende pelo que estou passando, então vou lá e faço do meu jeito. Por que vou dialogar se eu posso fazer do meu jeito? Isso não é rebeldia.
- Rebelde, eu? Nunca! Mas assumo que algumas vezes, quando Deus me pede para esperar, eu fico impaciente, vou lá e resolvo logo. Pronto! Contudo isso não é rebeldia.
- Imagina, eu, rebelde! Nunca! Mas lhe digo que quando Deus me pede para abrir mão de algo em minha vida eu reluto um pouco e algumas vezes demoro

para fazer o que Ele me pede. Mas isso não é rebeldia não.
- Eu não sou rebelde. Às vezes, Deus me diz para não fazer algo, mas eu vou lá e faço, e no final dá tudo certo. Porém isso não é rebeldia.
- Nunca fui rebelde. Eu escuto a voz de Deus, mas nem sempre faço do jeito d'Ele, pois tem coisa que Ele me pede que eu fico meio apreensivo de fazer daquele jeito, então faço da minha maneira. Entretanto isso não é rebeldia não.
- Eu, rebelde? De jeito nenhum! Quando Deus me diz para perdoar alguém e/ou alguma situação, eu olho e tento explicar para Ele o porquê de eu não conseguir! Só que isso não é rebeldia.

Você pode estar se vendo ou já ter se visto em algumas dessas situações e, sim, todas elas são denominadas rebeldia.

Talvez você esteja bravo comigo e me dizendo:

- Imagina! Eu, rebelde? Só pode! Jamais! Eu não sou assim não, imagina! Eu sou educado, sou muito bom, "só não pisa no meu calo". Essa expressão é muito usada para se dizer que se é uma pessoa tranquila, mas até um limite, depois desse limite a briga acontece. Essa expressão também pode ser usada para: "Não me digam o que fazer. Eu sei o que tenho que fazer".

- Eu nunca fui rebelde. Eu não me incomodo com nada. Nada mesmo. Eu sou uma pessoa muito compreensível. Só não me deixem esperando por muito tempo, pois meu tempo é precioso. Se marcou comigo e não apareceu ou se atrasou já era, sem acordo. Na próxima vez eu faço de igual ou pior para ele aprender. Ele precisa aprender que o meu tempo é muito precioso, não pode me tratar assim não!
- Rebelde, eu? De jeito nenhum. Eu nunca fui, mas vou te dizer: quando percebo que alguém me viu e depois finge que não me viu eu fico doido. Se ele me viu, por que fingir que não me viu, por que me ignorar e não me cumprimentar? Se me viu não fica aí fingindo não. Na próxima vez eu faço igual. Vai ver só como é. Vai sentir na pele!
- Rebelde? Eu? Jamais! Eu já fui chamado assim. Há muito tempo eu era meio estressado, mas agora eu estou tranquilo, agora está tudo bem. Eu aprendi. Doeu muito,

mas agora tudo o que eu tinha para aprender eu já aprendi. Eu só não escuto muito meu marido/minha esposa! Sabe. Ela(e) quer se intrometer em tudo, tudo quer saber! Por que eu tenho que contar tudo? Não aguento não! Não consigo ficar dando satisfação de tudo. Não quero dar satisfação! Por que eu tenho que dar satisfação? Ela(e) é minha esposa/meu marido, não é a minha mãe/meu pai. Nem para meus pais eu dava satisfação. Só me faltava essa agora! Não entendo. Eu já estou cansado de dar satisfação da minha vida.

- Rebelde? Jamais! Eu faço o que Deus pede. Só porque não faço exatamente como Ele me pediu isso não é rebeldia.
- Eu nunca fui rebelde. Quando Deus me pede para abençoar e dar algo a alguém eu dou; talvez não exatamente o que ele pediu, mas dou! Mas algumas vezes é difícil dar o que Ele me pede, então tento negociar e acabo não dando não. Sabe, pode ser que eu tenha escutado errado, então pergunto de novo a Deus. Mas isso não é rebeldia.
- Eu não sou rebelde não! Vou te dizer: eu oro todos os dias, mas quando Deus me pede para orar de madrugada eu até tento.

27

Sento-me na cama e oro rapidinho. Não dá para ficar orando muito não, pois no dia seguinte tenho muita coisa para fazer e quando vejo acabo dormindo e nem me lembro pelo quê estava orando. Porém isso não é rebeldia.

Talvez a sua situação não tenha sido aqui citada, mas, no entanto, comece a se lembrar de algumas situações que você viveu e não sabe identificar se foi rebeldia. Então vamos lá... Vou te contar um pouco da rebeldia.

A rebeldia é aquele período da Adolescência Espiritual em que você não consegue e não sabe ser submisso; não consegue e não sabe ser orientado; não consegue e não sabe ser ajudado. Há sempre uma relutância e uma agressividade excessiva.

E você pode até mesmo ter a rebeldia e não perceber pelo fato de estar totalmente adaptado a ela. É o ego inflado, é o seu EU em excesso; é a autossuficiência, é o perfeccionismo, é o medo de perder o controle, é o medo de ser inferior, é o medo. É o seu EU...

Mesmo quando em pequenas parcelas, mesmo quando se percebe apenas um pequeno sinal dela, ainda assim é rebeldia. É ela dizendo:

"Eu estou aqui. Chamo-me rebeldia. Não me canso de contradizer, tudo eu sei"; "Eu não preciso de conselhos e/ou ajuda, pois já sou autossuficiente"; "Não há nada que eu não saiba e tudo eu posso fazer melhor e sozinho"; "O que eu quero é mais importante do que Deus tem e/ou deseja para minha vida". Mas saibam, essa é a rebeldia e ela é ofensiva a Deus! Essa é a chamada rebeldia, é o ego que fala alto, é o ego gritando sem parar; é ela privando você de viver as promessas de Deus. A rebeldia e a arrogância te tiram do eixo, distorcem uma realidade, confundem os pensamentos.

A rebeldia e a arrogância são também orgulho. O orgulho é o maior impedimento para que o seu progresso ocorra. É ele quem laça, guarda e esconde tudo o que é bom.

O orgulho:
- não sabe lidar com a humildade;
- não sabe amar;
- não sabe ter paciência;
- não sabe ter compaixão;
- não sabe lidar com a pressão do dia a dia;
- não sabe lidar com a cobrança;
- não sabe lidar com a liderança;
- não sabe ser submisso;

- não sabe escutar;
- não sabe perdoar;
- não sabe render-se aos pés de Deus;
- não sabe nada, mas tudo ele pensa saber.

O orgulho:
- te limita e não te deixa ver as bençãos de Deus em sua vida;
- te limita e te faz viver preso ao passado;
- te limita para que você tenha a necessidade de ser melhor em tudo/competitividade abusiva;
- te limita a enxergar tudo do seu jeito;
- te limita e não te deixa viver em paz;
- te limita e te perturba, pois você nunca estará e/ou será bom o suficiente em algo e/ou em alguma coisa;
- te limita ao medo de ser passado para trás;
- te limita a sentir que tudo o que você tem e/ou precisa você conseguirá sozinho;
- te limita a viver apreensivo e deprimido;
- te limita a viver com medo;
- te limita a não se ver como Deus te vê;

ORGULHO
É O FATOR
LIMITANTE
QUE DENOTA
INEXPERIÊNCIA
ESPIRITUAL.

O orgulho:
- não aceita lidar com alguém mais novo no comando;
- não aceita lidar com alguém amoroso;
- não aceita lidar com alguém inexperiente;
- não aceita ajuda;
- não aceita abraço;
- não aceita amor;
- não aceita ser acolhido;
- não aceita conselhos;
- não aceita perdoar;
- não aceita felicidade;
- não aceita opiniões contrárias às suas;
- não aceita você viver os propósitos de Deus na sua vida.

O orgulho:
- não te permite aceitar quem você é em Cristo.
- não te permite fluir nos dons divinos.
- não te permite prosperar.
- não te permite ser humilde.
- não te permite ouvir a voz de Deus.

O orgulho te limita, ele te faz viver de forma fria e sem a presença de Deus.

Mateus 6:24a (ARC) – *Ninguém pode servir a dois senhores, porque ou há de odiar um e amar o outro ou se dedicará a um e desprezará o outro...*

O amor não pode fazer morada onde o orgulho reina. O orgulho é o oposto do amor e não é proveniente de Deus.

Provérbios: 21:4 (ARC) – *Olhar altivo, coração orgulhoso e até a lavoura dos ímpios são pecado.*

Tudo quanto um coração orgulhoso fizer não será proveniente de Deus, Ele não se fará presente, Ele se distanciará, porque para tudo um coração orgulhoso olhará com os olhos soberbos, altivos, críticos, polêmicos, e nada será divino. E isso é tão sério que até mesmo a oração de um coração orgulhoso não chega a Deus.

Jó 35:13 (NBV-P) – *Não! Deus não ouvirá os pedidos de um coração orgulhoso; o Todo-poderoso não lhes dá atenção.*

Se Deus não ouve a oração de um coração orgulhoso, será que a sua oração está chegando até Ele? Ou será que a vaidade, o orgulho, a rebeldia, a arrogância estão bloqueando o seu acesso ao Deus-Pai?

Talvez você comece a perceber que ainda há em você o orgulho, a rebeldia, a arrogância, a vaidade, que eles ainda fazem parte do seu dia a dia; e/ou talvez você, agora bravo, ainda relute e não esteja conseguindo assumir e nem confessar a Deus que ainda os tenha.

Talvez você esteja começando a se lembrar de outros sinais que não estão aqui listados, mas que você percebeu que são atitudes que você tem e que são consideradas rebeldia.

A rebeldia do filho denota a Adolescência Espiritual. É a rebeldia de alguém ainda inexperiente em caminhar com Deus e que ainda está no raso da intimidade com Ele; é estar cheio de si mesmo, cheio do seu EU, não cedendo espaço para Deus.

E quando eu digo inexperiente, eu não me refiro ao tempo de cristão que a pessoa tem. Eu me refiro ao quão raso é a experiência com Deus-Pai, pois o filho, ao pedir a sua parte na fazenda, disse que queria cuidar de sua própria vida e que não escutaria mais o Pai. Então, ali, ele abriu mão das bençãos divinas que o Pai tinha para lhe proporcionar.

ANDAR NO RASO É NÃO TER MERGULHADO NO OCEANO DE DEUS.

É doloroso enxergar o que o afasta de Deus. É um assunto difícil de se ler e de se ouvir, mas é necessário abordá-lo. Não há como ter uma vida guiada por Deus se a rebeldia, o orgulho, a arrogância e a vaidade não forem identificados e derrubados dos lugares internos em que foram alimentados por longos períodos.

E quanto mais se demora para enxergá-los, para localizá-los, eles continuam te consumindo dia após dia e te fazendo enxergar uma realidade que não existe e que não é proveniente de Deus. Esse é um sinal de pobreza espiritual.

CAPÍTULO 2

A SAÍDA DA CASA DO PAI – A POBREZA ESPIRITUAL

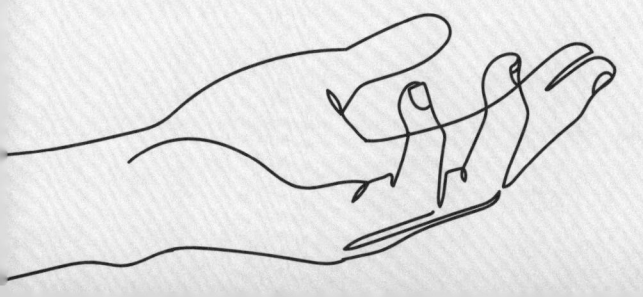

Continuemos com a Parábola do filho perdido:

Lucas 15:13 (ARC) – *E, poucos dias depois, o filho mais novo, ajuntando tudo, partiu para uma terra longínqua e ali desperdiçou a sua fazenda, vivendo dissolutamente.*

Após a saída da casa do Pai, o filho mais novo se perde, e começa a descobrir o mundo e o que ele pode lhe proporcionar. Iludido e perturbado, ele passa pela fase do deslumbre. Essa é a fase da sedução mundana, é o se permitir conhecer o que até então lhe era proibido, é se deslumbrar com o desconhecido.

Então ele começa a viver do jeito como ele bem quer, sem regras e/ou restrições. Ele gasta tudo o que tem em busca de algo que jamais encontrará no mundo. Ele vive o momento de ilusão e abusa do que antes não lhe era permitido.

Agora, ele não precisa mais dar satisfação da sua vida, pois ele anda sozinho, controla e dirige o próprio caminho. Ele tomou as rédeas da sua vida e faz o que quer, como bem entender.

No caminho ele encontra pessoas que andam, vivem e pensam como ele, mas após o longo dia ele sente um vazio dentro si mesmo que não sabe explicar. E iludido e perturbado, o filho perdido diz:

- Oba! Agora posso viver!
- Agora eu posso estar como eu sempre quis!
- Chega! Chega!
- Tô livre! Tô livre!
- Eu já estava cansado de viver daquele jeito.

Aí, esse filho perdido sai pelo mundo afora para se livrar do sentimento de "aprisionamento" que lhe consome. Na verdade, nem ele mesmo sabe o que o aprisiona, mas ele acha que o que ele precisava era sair da casa do Pai.

Então ele declara que o mundo é o que ele realmente estava à procura, que fazer tudo do seu próprio jeito é realmente libertador, e começa a se questionar por que ele ficou sob direção divina se ele podia ter cuidado de sua própria vida (essa é uma atitude ofensiva para com o Deus-Pai, mas ele não está pensando nisso).

Ele abre os braços, pula, dá risada e segue ao seu modo. Essa é a atitude do filho perdido. Ele quer viver no mundo, enxergar o mundo de perto, vivendo experiências que até o momento eram repreendidas.

Agora, já não há quem o repreenda, pois ele está no mundo dos que querem viver sem regras divinas.

1João 5:19 (ARA) – *... o mundo inteiro jaz do Maligno.*

Sim, ao sair da casa do Pai, o filho perdido está à mercê do que o mundo lhe oferece, vivendo conforme os padrões do mundo. Porém esses padrões são os de satanás. Mas como é esse mundo de satanás?

João 10:10a (ARA) – *O ladrão vem somente para roubar, matar e destruir...*

Gálatas 5:19-21 (NAA) – *Ora, as obras da carne são conhecidas e são: imoralidade sexual, impureza, libertinagem, idolatria, feitiçarias, inimizades, rixas, ciúmes, iras, discórdias, divisões, facções, invejas, bebedeiras, orgias e coisas semelhantes a estas.*

Sim, o ladrão é satanás e quando o filho perdido sai da casa do Pai, todas essas obras da carne descritas em Gálatas 5:19-21 estarão ainda mais salientes aos seus olhos e abertas às tentações, já que o mundo é de satanás e ele quer roubar, matar e destruir todos os sonhos, os projetos, tudo pelo que o filho trabalhou por tanto tempo.

Satanás quer lhe tirar tudo e, o principal, quer lhe tirar a presença e a conexão com Deus-Pai, quer corromper a sua identidade (só que em meio à ilusão mundana o filho perdido não percebe isso).

Satanás irá usar das obras da carne para tentar corrompê-lo. Seu mundo é consumido por situações, sentimentos e atitudes ruins que não agradam a Deus, então se:

> Romanos 8:13a (ARA) – *Porque, se viverdes segundo a carne, caminhais para a <u>morte</u>...* (grifo da autora).

Sim, é exatamente isso que satanás deseja. E ao ler "morte" em Romanos 8:13a, substitua-o pela palavra "pobreza espiritual".

Então ficará: *Porque, se viverdes segundo a carne, caminhais para a pobreza espiritual...* (grifo e alteração da autora)

E, na pobreza espiritual, o filho perdido vai pelo mundo afora e começa a sentir a fome por Deus. Só que como ele está sendo consumido por um deslumbre momentâneo, ele não consegue notar que a presença de Deus em sua vida está cada vez mais escassa, e não porque Deus quer, mas porque ele, o próprio filho perdido, não consegue mais se conectar com Deus como antes, pois a mente está poluída pelas ideias mundanas. O corpo está sentindo sensações que até então eram consideradas proibidas, o coração agora é corrompido, e o filho perdido não consegue perceber que a misericórdia de Deus está lhe chamando: "filho, volte!".

Então, o filho perdido, começa a viver erroneamente. Há os que dizem: "Ah! Eu só dei uma saída, mas eu volto. Eu só precisava respirar. A igreja estava me sufocando"; "Eu precisava viver um pouco do meu jeito, mas não vou cair no pecado não".

Sinto lhe dizer, você já pecou a partir do momento que saiu ou pensou em sair da casa do Pai, pois, você passa a viver nos padrões do mundo, um pensamento de "liberdade" toma lugar. Essa é uma liberdade ilusória, maligna, já que se pensa sair dos sentimentos de "aprisionamento", de "sufocamento", de "privação"; é o filho muitas vezes se sentindo preso dentro da igreja.

Sair da casa do Pai é o senso da liberdade de satanás, e é aí que começam as intempéries do local para onde se vai e a cada dia vai se esquecendo mais da presença do Pai.

SAIR DA CASA DO
PAI É O SENSO
DA LIBERDADE
DE SATANÁS.

Em meio a tantos deslumbres mundanos, o filho perdido começa uma jornada de fome espiritual. É uma jornada de fome por Deus: da presença do Pai, de Sua palavra, de Seu cuidado, de Sua orientação. Essa fome o consome sem que ele perceba, pois ele só curte e vive o momento. Ele não percebe que ao sair da casa do Pai ele renunciou ao cuidado, à proteção, à direção, e passa a viver em perturbação mental, física e espiritual. E isso acontece com todos que optam por saírem da presença do Pai.

Lembro, aqui, que esse filho perdido, pode ser aquele que se desviou da igreja e/ou aquele que está frequentando o culto normalmente, ou até mesmo um obreiro da casa de Deus. Ou seja, o filho perdido é aquele que faz à sua maneira e não à maneira de Deus. Ele toma o controle da sua vida e já não ora mais para que Deus o direcione. Então esse filho acaba se perdendo no meio da caminhada. E o triste é que a falta de obediência à palavra de Deus lhe causa danos inestimáveis, incalculáveis.

E é aí que surge a fome espiritual, pois ele já não consegue escutar a voz do Pai (o Pai ainda o chama – "filho, volta!", mas o filho perdido não escuta mais). O filho perdido sente um vazio que já não se sabe como resolver, e ele começa a se acostumar.

A fome é grande, só que ele não a sente, pois o mundo lhe traz o vislumbre de viver e apreciar, pois seu corpo já se acostumou ao proibido. Essa fase é a mais crítica, pois ele se acostumou a algo que não lhe diz respeito, ao vazio, à falta de Deus em sua vida.

Ao sair da presença do Pai:

> **Deuteronômio 28:28 (NBV-P)** – *O Senhor os castigará com loucura, com cegueira e com um espírito perturbado.*

Agora, você pode se questionar: então serei castigado por Deus? A resposta para essa pergunta é: não! Deus não é um Deus punitivo, Ele é justo. A colheita é obrigatória para todo aquele que semeia. Assim, ao se desviar dos caminhos de Deus, colhe-se a sementinha plantada: a da loucura, da cegueira e do espírito perturbado. Essa é a colheita do se distanciar de Deus.

Podemos dizer que essa sementinha é uma sementinha doente, contaminada, que não dará bons frutos. Onde ela for plantada causará contenda, discórdia, ira, raiva, nervosismo, descrença, ego, orgulho, vaidade, soberba etc. Essa sementinha doente causa todo tipo de engano e complicação, pois não está associada a Deus e, sim, ao maligno, e tudo que vem de satanás é ruim.

João 10:10a (NVT) – *Ladrão vem para roubar, matar e destruir...*

Como vimos anteriormente, esse ladrão é satanás. É ele quem vem para isso e para todo tipo de iniquidade. Então essa sementinha doente será usada nas mãos de satanás para causar todo tipo de perversidade. E por mais que você diga:

- Ah, eu me afastei do caminho do Senhor, mas ainda sigo seus mandamentos.
- Eu precisava respirar um pouco, sabe? Eu estava sufocado dentro da igreja. Precisei me afastar.
- Eu não produzi sementinha ruim não! Eu continuo na igreja, como vou produzir semente ruim? Não tem nada a ver não! Eu só parei um pouco de orar. Algo muito triste me aconteceu e eu não tive forças para orar, mas eu não me afastei da casa de Deus não. Imagina!

- Ah... Eu, sou um servo do Senhor, eu faço tudo que precisam e como precisam, mas o meu coração sempre questiona o porquê de eu ter que fazer. Há tantos irmãos lá na igreja, porque logo eu? Ufa! Isso me cansa!
- Posso ser honesto? Eu não produzi nenhuma semente ruim não. Imagina que vou permitir que satanás aja na minha vida! Impossível isso acontecer! Impossível! Às vezes, só falo do irmão da igreja, mas nada que ninguém já não saiba ou que ficará sabendo. Eu só falo porque acho que o jeito como aquele irmão age é um absurdo. Mas tudo bem, o que eu posso fazer? Porém não é semente ruim não!
- Não vou muito à igreja. Por que eu tenho que ir, se posso assistir em casa, pela TV, deitado na cama, comendo? Não irá me acrescentar nada se eu for, já que em casa posso escutar a Palavra do mesmo jeito.
- Eu vou te contar... Eu saí da casa do Pai porque eu estava com tantos problemas que não conseguia ir à igreja. Eu meio que me distanciei de Deus. Ou melhor, não é que me distanciei d'Ele, eu dei um tempo da casa do Pai. Mas estou

seguindo a palavra d'Ele certinho. Isso não é semente ruim.
- Imagina que satanás irá mexer nas minhas coisas! Eu sou filho de Deus! Isso nunca irá acontecer. Mas posso te dizer que às vezes eu sinto uma opressão tão grande, sabe? Geralmente acontece quando pego a Bíblia para ler. Mas isso não é pobreza espiritual. Eu até tento ler um pouco, mas logo pego no sono ou acabo arrumando outras coisas para fazer, então a leitura acaba ficando difícil. Porém isso não é sementinha ruim.
- Você vem me dizer que o ladrão vai me destruir? Jamais! Está doida?! Eu nunca passarei por isso. Mas posso te falar que eu não gosto muito da pregação de algumas pessoas. Então, quando vejo que é uma delas que vai pregar o evangelho, eu não vou não. Contudo isso não é sementinha ruim.
- Imagina! Eu? Fome de Deus? Eu não tenho não! Sempre leio a Palavra, estou sempre na igreja. Tudo bem que dificilmente eu consigo me comunicar com Deus, mas eu não sei o que está acontecendo. Devo estar passando por algum

deserto, sei lá! O que será que eu fiz? Eu não fiz nada não! Sendo sincero, eu não me dou muito bem com alguns irmãos da igreja, sabe, mas é só isso. E isso não é sementinha ruim.

- Pobreza espiritual? Eu? Jamais! Estou até rindo! Eu tento praticar tudo que eu aprendo na Bíblia, mas tem coisas que não dá não, principalmente o perdoar. Para mim é difícil demais. Por que tenho de perdoar? A pessoa que fez algo para mim e eu tenho que ir lá e me humilhar? Vou nada! A pessoa que venha! Isso não é motivo para eu ser consumido pelos planos de satanás não!

Sinto lhe dizer que todas essas atitudes denotam pobreza espiritual. Eu citei algumas. Talvez você perceba que faz algumas delas ou outras que não estão aqui relacionadas, e/ou talvez perceba que não as têm.

A pobreza espiritual são os olhos vendados para não enxergar a verdadeira situação. É a alma fadada ao erro, tanto de interpretação como de vivência, e também fadada aos fracassos mental e espiritual.

Voltemos a:

Deuteronômio 28:28 (NBV-P) – *O Senhor os castigará com loucura, com cegueira e com um espírito perturbado.*

Como já vimos, Deus não é um Deus punitivo, mas a lei da semeadura faz parte da nossa vida, assim como as consequências das nossas ações. Pare um pouco para pensar e veja se estes sintomas estão lhe consumindo nesse momento: loucura, cegueira, espírito perturbado. Até mesmo dentro da igreja o filho pode estar perdido, passando por essa fase da pobreza espiritual. É a fase:

- da perturbação: moral, física e espiritual. É a perturbação da alma, é o pensamento firme nas obras de satanás e os olhos firmes no que satanás tem causado/feito na sua vida e na vida das pessoas ao seu redor; é o não cessar a alma, é o não cessar a contenda, é dia e noite na agonia; é o sentir-se preso dentro da igreja; é o sentir-se aprisionado de forma a deixá-lo insano;

- da loucura: é a insanidade, e quando digo insanidade, é a insanidade espiritual, é estar louco a ponto de para onde olhar, só achar demônios e seus opressores, não ver nada mais do que o maligno e suas obras, é não enxergar nada que provém de Deus; são os olhos vendados, os olhos e o coração fechados a ponto de você nada mais sentir, ver ou presenciar do divino; é estar oco, sem nada da presença do Senhor, a ponto de que se Deus estiver na sua frente, estendendo-lhe a mão, você não conseguirá enxergar de tão focado que está em seus próprios problemas, desilusões e desamores;
- da cegueira: é não enxergar a Graça divina, é não enxergar as obras de Deus. A cegueira espiritual tapa os olhos, mas não os olhos carnais e, sim, os olhos espirituais.

Assim, a fome espiritual pode estar te atingindo. Na verdade, ela se dá tanto para aqueles que se desviaram e estão distantes do caminho do Senhor fisicamente, como para aqueles que mesmo dentro da igreja já não se sentem parte dela ou não conseguem se conectar com a presença divina.

Essa é a pobreza espiritual. É a dificuldade em enxergar, em sentir e em viver o que é divino. É estar rendido a pensamentos e atitudes que não agradam a Deus, mas agradam a satanás. Pobreza espiritual é estar rendido ao mal, às opressões e aos sentimentos de constrangimento, tristeza, depressão, perfeccionismo, orgulho, vergonha, vitimismo, ego, ira etc. É estar rendido a satanás.

Pobreza espiritual é quando se chega ao fundo do poço, e de tão profundo não se consegue ver nada além da água suja, que cobre a sua visão, impedindo-o de enxergar a Graça divina.

> **Lucas 15:14 (ARA)** – *Depois de ter consumido tudo, sobreveio àquele país uma grande fome, e ele começou a passar necessidade.*

Sim, o filho perdido já havia consumido tudo, gasto tudo, toda a sua reserva. Porém ele só percebeu quando começou a passar necessidade, devido à pobreza espiritual em que ele próprio se inseriu.

Agora, toda aquela liberdade ilusória de satanás, todo aquele deslumbre some e ele percebe que não há mais nada em si do que o

Pai lhe ensinou. Ele vê que o conhecimento da palavra de Deus ficou esquecido e encoberto, pois assim o mundo queria que fosse para que a cegueira espiritual continuasse seguindo o seu fluxo com o encantamento de satanás.

> 2Coríntios 4:3-4 (ARA) – *Mas, se o nosso evangelho ainda está encoberto, é para os que se perdem que está encoberto, nos quais o deus deste século cegou o entendimento dos incrédulos, para que lhes não resplandeça a luz do evangelho da glória de Cristo, o qual é a imagem de Deus.*

Sim, satanás faz, como fez com o filho perdido. Ele ilude, causa euforia, causa deslumbre. Ele proporciona momentaneamente a felicidade errônea de uma vida sem limites e sem regras.

Satanás veio e tirou todo aquele brilho divino, toda aquela luz que o incomodava, do filho perdido, pois ele não gosta de luz, pois ele é trevas. Assim, a luz do evangelho que habita dentro do filho fica oculta. Ela não some, ela continua ali, esperando o filho perdido assumir seus erros. Ela fica esperando o filho perdido dar nome aos seus pecados e renunciar a todos eles, mas o filho perdido já não tem força, a luz divina que habita dentro dele já não consegue acessá-lo, pois ele está completamente entregue à vontade do maligno, rendido a pecados e pensamentos de incapacidade.

    Quando o brilho interior some, quando o brilho do Senhor some dentro do filho perdido, fica um vazio, um lugar oco. E aí, após muito tempo se passar, o filho perdido começa a sentir em seu âmago a tristeza do peso de sua decisão, que lhe mostra que toda aquela proteção divina se perdeu há muito tempo por sua própria opção, pois enquanto iludido ele não notava, pois estava cego. Então satanás veio e roubou, matou e destruiu tudo que o filho havia conquistado, antes de se perder. E não falo de bens materiais, mas de bens espirituais, a vida com Deus.

    O filho perdido começa a cair em si e se vê desamparado, pois já não tem os recursos que antes tinha, pois ao lado do Pai tudo era provido por Ele, tudo o Pai lhe dava, antes mesmo de ele pedir ou pensar.

Efésios 3:20a (NVI) – Àquele que é capaz de fazer infinitamente mais do que tudo o que pedimos ou pensamos...

Sim, o Pai é aquele que tudo sabe. Ele sabe de todas as suas necessidades, Ele sabe do que você precisa, Ele sabe e quer prover, Ele tudo faz. Ele tudo cria mediante o poder de Sua palavra e tudo é infinitamente maior e melhor do que precisamos, pedimos e pensamos. Porém a cegueira do filho perdido já não lhe permite acessar as bênçãos.

Assim começa um novo momento na vida do filho perdido. A pobreza espiritual tem dois novos aliados: a identidade corrompida e a alienação espiritual.

CAPÍTULO 3

A SAÍDA DA CASA DO PAI – IDENTIDADE CORROMPIDA E ALIENAÇÃO ESPIRITUAL

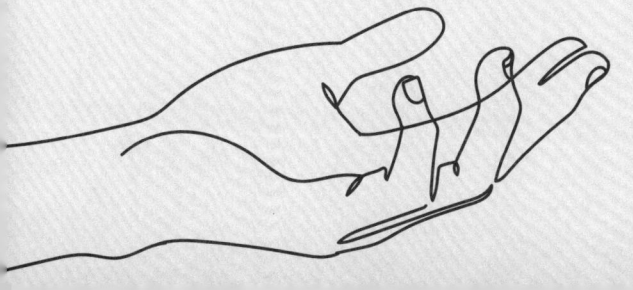

Continuemos com a Parábola do filho perdido:

Lucas 15:15 (A21) – *Então se colocou a serviço de um dos cidadãos do país, e este o mandou para os seus campos para cuidar de porcos.*

Aqui a identidade do filho perdido já se encontra corrompida, ele não sabe mais quem ele é. Ele é um filho amado que optou por viver ao seu modo, cair no mundo de pecado e perversidade, pois estava se sentindo sufocado. Só que ele acaba corrompendo a sua identidade divina, vestindo roupas que não são suas para se adequar à realidade errônea momentânea.

Ao corromper a sua identidade, ele começa a trabalhar como qualquer outro no local em que ele se encontra. Não há mal algum em ele trabalhar. O problema é ele aceitar o que não é divino.

Ele não precisava estar sofrendo, passando fome e necessidades, ele podia estar bem e saudável na casa de seu Pai. Mas solto no mundo, ele se veste com as roupas da sujeira espiritual, da pobreza espiritual, dos egos inflamados, da concupiscência, das falsas personalidades criadas.

A identidade corrompida tem várias vestimentas. São as vestimentas da tristeza, da perversidade, da eloquência, da insanidade, do estresse, da agitação, da falta de perdão, do complexo de inferioridade, entre tantas outras. As roupas são infinitas, pois o maligno lhe dá novas roupas, trapos velhos, na verdade, para você se proteger do frio. E esse frio é a falta de Jesus em sua vida.

Esses velhos trapos passam a ser a sua nova identidade. O filho perdido aceita esses trapos, aceita essa realidade e se dá por satisfeito.

Cego ele se encontra, então o que vier, ele aceita e diz: "É melhor ter um trapo sujo do que não ter nada!". São as migalhas de satanás, as migalhas mundanas. São só migalhas...

Em sua identidade corrompida, ele não consegue mais sentir Deus de perto. O filho perdido agora está definitivamente passando por um período de aliança com satanás. É uma aliança que ele mesmo fez sem perceber, ao renunciar o amor de Jesus e ao cuidado do Pai.

Vimos nos capítulos anteriores o quanto a rebeldia, a arrogância, a vaidade e o orgulho do filho impactam sua vida, trazendo a pobreza espiritual. Eles são agentes corroboradores para uma identidade corrompida, para te fazer sucumbir. Agora veremos o quão sério eles são e quais são as consequências.

O olhar de Deus, através de Suas lentes divinas, vê muito além. Até o que nos parece inofensivo ele vê.

> **Jó 34:21 (ARA)** – *Os olhos de Deus estão sobre os caminhos do homem e veem todos os seus passos.*

E Ele tudo sabe:

> **Provérbios 5:21 (ARA)** – *Porque os caminhos do homem estão perante os olhos do SENHOR, e ele considera todas as suas veredas.*

Perante Deus não se consegue nem jamais se conseguirá esconder quem realmente se é. Perante os olhos humanos sim, pode-se até tentar se esconder, criando personagens dentro de si mesmo; exemplo: "Hoje eu vou ser o bonzinho"; "Hoje eu vou ser aquele que abraça"; "Hoje eu vou ser aquele que não 'engole sapo'"; é o dizer a si mesmo: "Hoje eu vou ser".

E aqui já começamos a entender que a pessoa não é, ela se faz para parecer uma outra pessoa. Porém isso é viver de mentira, é colocar a roupa de uma identidade que não é sua.

Contudo, a cada personagem que é criado dentro de si mesmo, fica mais difícil para desconstruir os egos inflamados e as falsas identidades criadas.

O tempo vai passando e cada vez mais você vai se perdendo, sem saber quem realmente você é, do que você gosta e do que você não gosta. E Deus te pergunta: "filho, quem é você?".

Se você estiver passando por isso é hora de descontruir todos esses egos, pois foram eles que te fizeram corromper a sua identidade em Deus. Não espere chegar o dia do Juízo Final e Deus lhe dizer:

> Mateus 7:23 (A21) – *Então lhes direi claramente: nunca vos conheci, afastai-vos de mim, vós que praticais o mal.*

Pode, então, surgir a pergunta: como Deus não me conhece? Essa pergunta vai doer no âmago, porque você vai dizer: "Senhor estive em Sua casa por muito tempo, servi com os meus irmãos em Cristo, fiz o que pude para viver em comunhão com eles, procurei pregar o evangelho por onde eu andei, fiz maravilhas em Teu nome, salvei, curei, libertei. Como Tu não me conheces, Senhor?".

E então você ouvirá do Senhor:

João 12:48 (A21) – Quem me rejeita, e não aceita as minhas palavras, já tem seu juiz: a palavra que tenho pregado, essa o julgará no último dia.

Ao se criar personagens, máscaras, egos, acaba-se criando identidades falsas, identidades corruptíveis, identidades malignas, pois a sua verdadeira identidade em Cristo fica comprometida, pois as máscaras criadas estão tão intrínsecas, tão consumidas pelo seu orgulho, que você já não consegue acessar Deus, mesmo Ele estando ali, na sua frente e de braços abertos, você não consegue vê-lo.

E como satanás opera na sua identidade? Satanás começa a te ofender com as situações pelas quais você passou. Ele começa a usar os seus pecados passados contra você, ele te diminui a nada, a ponto de alguns muitas vezes não suportarem e quererem tirar a própria vida. Ele te diz: quem é você para ter o que é bom? Ele começa a te lembrar de todos os caminhos pelos quais você passou ao sair da casa do Pai. Ele começa a mostrar a sujeira por onde você caminhou, começa a mostrar o quão baixo você precisou ir para fazer tudo o que queria fazer. Ele traz culpa ao seu coração, são os seus olhos caídos e sofridos, é um vazio no olhar, são os olhos sem esperança alguma, os ombros caídos entregues ao que o mundo lhe proporcionar. Ele te faz de sujo, ele mostra os trapos velhos e diz que esses trapos são você! Ele te descreve não pelo que você é, mas pelas ações e atitudes que você teve. Ele te diz: esse é você, toda a sujeira por onde você andou. Esse é você!

A cada palavra e julgamento que vai se aceitando de satanás ele cria as correntes malignas, aquelas que cruzam o seu peitoral. É dessa forma que Deus me mostra quando alguém está acorrentado. Elas cruzam o peito da pessoa, e são correntes grossas. O coração está doente e a mente, incansável, questionando-se, mas aceitando a nova realidade de satanás.

Dessa forma satanás ganha almas. Ele engana com as seduções do mundo e depois, quando se está bem envolvido, ele começa a mostrar o quanto perdido e sujo o filho perdido é. Ele usa situações desonrosas para te dizer que você é exatamente as ações, os lugares e os pensamentos que você teve e/ou vivenciou! Então como é essa fase? Essa fase é a da alucinação. Agora vem a fase da alienação espiritual.

Lucas 15:16 (A21) – *Ele desejava encher o estômago com as alfarrobas que os porcos comiam, mas ninguém lhe dava nada.*

Aqui vemos um exemplo de alienação espiritual. O filho perdido já estava totalmente consumido pela pobreza espiritual, ele já nem mesmo sabia quem ele era, e a um ponto tão crítico que quis comer as comidas dos porcos. Ele estava aberto a comer qualquer coisa, ele já não distinguia o certo e o errado, ele já estava com seus olhos vendados e pronto para ser rebaixado como um nada, como um ninguém.

Assim, o filho perdido tem vários sentimentos:

- Não sou importante.
- Quem me quer? Eu não sou nada.
- Sou incapaz.
- Sou sujo.
- Sou como um porco.
- Sou um resto de felicidade.
- Só há sujeira em mim.
- Só há perversidade em mim.
- Quem pode me amar.
- Não mereço nada, mereço o que os porcos comem.
- Mereço ser esquecido.
- Mereço toda essa tristeza que estou passando.
- Mereço tudo o que não é bom.
- Mereço toda essa discórdia que vem me acontecendo.
- Eu fugi de tudo o que era bom, então agora mereço tudo de ruim.

Então o filho perdido aceita:
- Ser humilhado.
- Ser rejeitado.
- Ser culpado.
- Ser julgado.

O filho perdido assume:
- Eu sou ruim.
- Eu sou iniquo.
- Eu sou perverso.
- Eu não sou digno de nada.
- Eu mereço essa tristeza e essa depressão.
- Ninguém me ama.
- Ninguém nunca me amou.
- Eu sou o filho que o Pai menos amou.
- Eu sou o filho do erro.
- Eu sou o filho da discórdia.
- Eu só faço besteira.
- Eu não presto.
- Eu não sirvo para nada.

Esses pensamentos passam pela cabeça do filho perdido e são pensamentos de alienação espiritual e de identidade corrompida.

De tempos em tempos satanás renova a sua lista. Ele guarda tudo o que o filho perdido fez de errado pelo mundo afora para futuramente debilitar os seus olhos.

Então o filho perdido só vê o erro, só sente o erro, só vive o erro. E até mesmo ao se levantar da cama, ele só vê coisas ruins. Ele acorda e logo pela manhã já diz:

- Vou me levantar para viver essa triste vida!
- Por que preciso me levantar da cama se amanhã as mesmas tristezas vão acontecer?
- O que adianta eu tentar pensar diferente se já sei o que vai acontecer de ruim?
- O que adianta eu pensar que algo vai mudar se na verdade não acredito nisso?
- Como posso viver e olhar nos olhos de alguém se me sinto tão sujo?

O filho perdido sente todo o peso de sua sujeira espiritual, sente todo o peso das vestes dos trapos que ele vestiu, e começa a colocá-los um sobre o outro. E a soma de todos esses trapos lhe faz sucumbir ainda mais a um ponto de não aguentar nem andar.

Satanás, então, faz com que o filho perdido caminhe olhando para o chão procurando migalhas e traz a vergonha como fuga do erro, como forma de ele não conseguir levantar os olhos, nem olhar nos olhos de ninguém.

E por que satanás não o permite olhar nos olhos de outras pessoas? Porque ele não quer que o filho perdido seja ajudado, quer que ele viva olhando para o chão e caçando migalhas falsas.

E o filho perdido recebe pensamentos sugestivos de satanás:

- Quem vai querer alguém sujo assim?
- Quem vai querer alguém que se corrompeu?
- Quem vai aceitar você?
- Quem vai aceitar você quando souberem o que você fez?
- Quem vai aceitar você quando souberem quem você é?

Satanás ainda diz:
- Você sabe que você é desprovido e está sozinho agora! Você só tem a mim ao seu lado.

E satanás acrescenta:
- Eu aceito todos os seus erros.
- Eu sei quem você é, então fica por aqui, quieto.
- Não precisa levantar os olhos não! Vão te julgar!
- Não precisa pedir ajuda. Eu te ajudo!
- Se esconder das pessoas é bom. A vergonha que você tem é enorme. Não se sinta mal em se esconder.

Satanás é tão astuto e ligeiro que deseja que o filho perdido logo assuma, que Deus o abandonou! Satanás quer escutar isto dos lábios do filho perdido: "Deus me abandou!". É exatamente isso que ele quer. Ele quer ser dono e senhor do filho perdido.

Satanás faz uma lavagem no filho perdido: no seu corpo, na sua alma e na sua mente. Só que ele não pode fazer uma lavagem e nem mexer no seu espírito, então ele tenta afundá-lo para fazê-lo sucumbir.

Satanás tenta esconder do filho perdido o fato de que ele não tem autoridade para mexer no seu espírito, pois o seu espírito, na verdade, é de Deus.

O filho perdido vai sendo consumido por tudo aquilo que ele mesmo quis viver, está sucumbido por tudo o que ele pensava ser liberdade, por tudo o que ele pensava ser o certo, e começa a perceber que ele já não se conhece, já não sabe quem ele realmente é.

Quando o filho perdido se perde deliberadamente, sem forças ele começa a procurar uma forma de tirar todo esse peso que ele não aguenta mais carregar, e se lembra de seu Pai, da casa de onde ele saiu e do quanto lá era diferente.

E o filho perdido diz: "A casa de meu pai era melhor do que o mundo em que optei viver!". Ele pensa ter se lembrado por vontade própria, mas, na verdade, o seu espírito se comunica com o Espírito de Deus diretamente e é Deus ali, é o Deus-Pai a lhe trazer tudo isso em seu espírito. E o Deus-Pai diz: "filho, volta!".

O Pai chama:
- Filho, acorda... filho, acorda...
- Chega de olhar para baixo!
- Chega de se sentir sujo!
- Chega de se humilhar!
- Chega de se rastejar por migalhas!

E diz ainda: "Venha a mim, filho, e renuncie a tudo quanto o mundo lhe proporcionou. Venha a mim que eu limparei suas vestes e te darei vestes novas".

Essa é a nova fase, aquela em que Deus-Pai entra com provisão, direcionamento e amparo divino. É a fase chamada: identidade restaurada.

CAPÍTULO 4

EU FUI UM FILHO PERDIDO

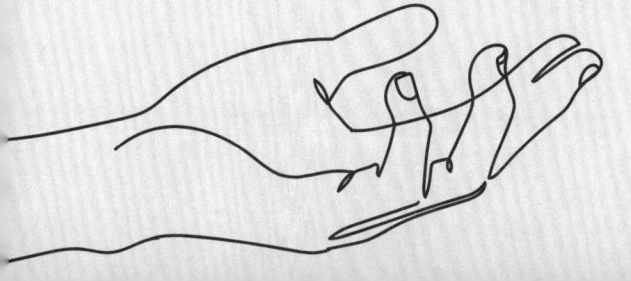

Antes de prosseguirmos sinto em meu coração que preciso te contar um pouco sobre mim e de como eu acabei conhecendo e me afastando dos caminhos do Senhor.

Aos meus 3 anos de idade, meu pai, Marcos, separou-se da minha mãe. Na verdade, não foi uma separação comum. Ele era um bom marido e bom pai, homem trabalhador. Em um determinado dia ele escutou um estouro dentro de sua cabeça, como se fossem telhas de alumínio batendo e quebrando. Foi um estouro muito forte e insuportável, e depois disso ele acabou enlouquecendo e abandonou tudo – eu, minha mãe, o emprego, e foi morar na rua.

Sim, meu pai era um morador de rua por opção. Por mais que minha mãe e minha avó (por parte de mãe), e minhas tias (irmãs dele) o chamassem para que ele voltasse para o seio familiar, ele rejeitava porque queria viver na rua.

Meu avô e minha avó por parte de mãe sempre abriam as portas para ele tomar banho, comer e até morar, se ele quisesse, porém ele não se sentia bem, ele queria morar na rua. Ali era o seu lar.

No decorrer de minha infância, ele morou em uma praça de um hospital, onde, inclusive, dormia, sem recursos, sujo, sem nada. Somente ele e a perturbação espiritual, mental e física.

Meu pai era um homem de um coração bom e amoroso, um ótimo baterista, ele amava música. Lembro-me dele tocando bateria quando eu era pequena. Um homem bom que se perdeu...

Então, quando cresci, comecei a me lembrar o que meu pai sempre me dizia: que meu falecido avô (pai dele) era um homem que mexia com consagrações a outros deuses e imagens. Ele era de uma religião que praticava oferendas satânicas.

Sim, meu avô trouxe para a família toda a hereditariedade de vínculos com satanás, uma aliança que condenou seu filho, o meu pai, e que acabaria condenando a minha vida também.

Meu pai foi morador de rua por quase 20 anos e nesse tempo sempre houve pessoas (familiares e amigos) que queriam cuidar dele, mas como cuidar de alguém que já havia desistido dele mesmo?

Sempre que meu pai podia ele ia me ver, sempre de mãos vazias, mas o que ele tinha para me dar era o essencial para mim: seu abraço e suas falas, dizendo-me: "filha, te amo!". Ele me colocava sobre seus ombros e me levava para dar uma volta no bairro, e ele dizia para os seus amigos: "Essa é a minha filha. Olha como ela é linda!".

Em minha fase de adolescência eu não tive contato com ele, pois ele se mudou daquela praça e eu nunca mais o encontrei. Lembro-me de dar voltas naquela praça de hospital para procurá-lo e nada. Meu coração doeu, pois eu sabia que jamais o veria de novo. Eu soube que ele faleceu sendo morador de rua. Na verdade, um amigo o abrigou em seu sítio e ali ele faleceu.

Durante toda a minha infância minha mãe precisou trabalhar muito para me sustentar e me dar tudo que eu precisava. Até mesmo o que eu não precisava ela me dava, como muitos brinquedos, para compensar o fato de ela não poder estar sempre comigo, pois trabalhava demais. Ela fazia de forma inconsciente para tentar sanar um vazio que havia ali.

Nesse meio tempo, após minha mãe se separar e eu ainda criança, ela conheceu o meu padrasto o Aparecido, que todos chamavam de Cido. Ele ficou casado com a minha mãe por cerca de 15 anos, então passei a minha infância e a minha adolescência ao lado dele, e eu o considerava como meu pai. Éramos uma família feliz: eu, a minha mãe e ele.

Durante toda a minha infância e juventude fui comparada com o meu pai Marcos. Eu escutava: "Você é igual ao seu pai. Não vai ser nada na vida e vai acabar morando na rua".

Uma criança não deveria escutar isso. Como crescer em meio a uma comparação tão cruel? Eu tinha 5 anos e essa comparação perdurou até meus 16 anos. Foram 11 anos escutando que nada eu seria, que ninguém me amava, pois se nem meu pai Marcos me quis, quem iria me querer?

Recebi e ouvi duras palavras e, sem saber, fui inserida ao mundo de erros do meu pai. Insinuavam que eu era culpada por ter nascido e ser filha dele. Eu me sentia um erro, um nada, um ninguém; eu me sentia um lixo, um erro da natureza.

Lembro-me de que quando eu andava, eu olhava sempre para baixo. Meu cabelo era curto e eu usava calças folgadas e roupas largas para que ninguém me notasse.

Durante a adolescência e a mocidade eu tentei me esconder. Eu não conseguia olhar nos olhos de ninguém e pensava: quem sou eu para olhar para alguém? E dizia a mim mesma: "Eu não sou nada".

Cresci em meio a todos esses acontecimentos e sentimentos, e calada. Eu não externava minhas tristezas, eu me escondia, pois eu pensava que assim era melhor. Eu guardava os meus sentimentos para mim.

Meu pai Cido e minha mãe sempre cuidaram muito bem de mim e me orientaram para eu ser uma mulher de caráter, honesta, íntegra. Eu me lembro até hoje de meu pai Cido dizendo: "Juliana, não se deve mentir, não pode pegar nada de ninguém. Antes de pegar peça para saber se você pode usar. Não fale mal das pessoas, não fique de fofoca, é feio fofocar. Se você tem tempo para fofocar então vai estudar. Trabalhe com o que você gosta e estude. Estude, minha filha".

Também me lembro do meu pai Cido me dizendo: "Juliana, você é muito ingênua. Você acredita em todos. Cuidado! Não podemos acreditar tanto assim nas pessoas, pois elas não são tão boas como você pensa. Eu me preocupo quando eu não mais estiver com você (quando eu morrer). Me preocupo de você se deixar levar pelas coisas, acreditando em tudo que lhe contam, e de você se perder. Minha responsabilidade com você é ainda maior por eu não ser o seu pai de sangue".

Minha mãe sempre foi uma ótima mãe. Ela tinha um coração doce, mas havia nela uma tristeza enorme que ela tentava esconder com o seu jeito enérgico de ser. Ela sempre foi muito determinada, guerreira, e tudo que podia ela fazia para o bem da família. Ela renunciou a muitas coisas para manter a família estruturada.

Na minha infância e na minha adolescência, ela não sabia se expressar muito bem, então não conseguia me dizer o que sentia por mim, mas no fundo eu sentia e sabia do amor dela por mim.

Lembro-me ainda que dos 13 aos 15 anos eu queria ser freira e morar em um convento, mas meu pai Cido me dizia que isso não era para mim e que eu não precisava morar em um convento para ser próxima a Deus. Então não me foi permitido e eu chorei.

Aos 12 anos eu comecei a escrever minhas poesias. Passava a madrugada inteira escrevendo. Eu acendia o abajur do quarto e escrevia por longas e longas horas. Era ali, naquelas linhas, que eu me sentia bem e confortável para descrever o que me acontecia e os sentimentos que eu tinha. Eu colocava tudo no papel por meio da poesia, o papel e a caneta eram os meus melhores amigos. Era ali que eu me sentia bem, e mesmo não conhecendo Deus de perto naquele momento, eu podia sentir a presença d'Ele cuidando de mim.

Escrevi até meus 19 anos, pois nessa época algo aconteceu e interrompeu esse meu hábito. Vou contar a seguir.

Quando eu tinha 19 anos fui acometida de um grande sofrimento. Meu padrasto Cido faleceu e, como falei anteriormente, ele era o meu pai também, meu pai bravo, amigo, confiável, brincalhão.

Meu pai Cido era aquele homem provedor, parceiro da minha mãe em tudo. Era ele quem tomava todas as decisões, a última palavra era a dele. Minha mãe compreendia que as decisões que ele tomava eram as melhores para a nossa família, então eu o tinha como aquele pai que me mostrava o melhor caminho em tudo, que me ensinava a viver, que tudo sabia.

Hoje vejo o quanto eu e a minha mãe éramos dependentes dele, já que tudo era ele quem decidia, providenciava e ensinava.

O primeiro ano após a morte de meu pai Cido foi muito difícil. Minha mãe entrou em depressão. Ela não conseguia assumir para ela mesma que tinha, e essa depressão durou mais de três anos. Por fora ela era aquela mulher forte e firme, que tinha dois filhos para criar, mas por dentro estava consumida pela tristeza pela perda de um marido, parceiro e pai de seus filhos.

Quando ele faleceu eu fiquei com problemas neurológicos que não me permitiam socializar com as pessoas. Eu queria me esconder de tudo e de todos e, os sentimentos de mocidade que até então estavam ocultos, apareceram e eu enlouqueci, então larguei o meu emprego e me escondi.

Após a morte dele, eu não me sentia bem para falar com as pessoas e nem para viver. Eu pensava: como vou viver? Como vou viver se não sei viver? Não sei o que eu faço! Não sei! Tenho medo! Tenho medo! Eu pensava: perdi mais um pai!

Nesse período eu ainda não conhecia o Deus-Pai, a quem hoje tanto amo e sirvo. O que eu conhecia naquele momento eram outros deuses, minhas orações eram para o universo, eu conhecia a lei das recompensas e consequências. Eu não era cristã, eu nem sabia o que era ser evangélico. Eu, minha mãe e meu pai Cido éramos de outra religião, que acreditava em reencarnação.

Após o falecimento do meu pai Cido, eu continuei a frequentar essa religião e vivia procurando por Deus. Lembro-me que em determinado dia, eu olhei para o céu e disse: "Deus, não aguento mais viver assim. Onde o Senhor está? Eu não consigo te acessar. Não te sinto em minha vida. Onde o Senhor está?". E entrei em uma profunda tristeza e só chorava.

Para mim, o primeiro ano após a morte dele foi muito difícil, pois eu não tive forças para reagir. Minha mãe, vendo-me sucumbir, levou-me ao médico. Lembro-me de que fiz os exames, que não apontaram problema algum, já que minha doença era da alma.

No segundo ano após a morte dele, eu já estava bem melhor, mas ainda vazia por dentro, procurando por Deus. Nesse ano eu tive a oportunidade de ingressar em um concurso público. Quando eu vi que o concurso tinha sido aberto eu logo me inscrevi, pois era o meu sonho e o sonho do meu pai Cido. Ali eu tinha a oportunidade de concretizar esse sonho que tínhamos juntos.

Então, ao invés de me lamentar, comecei a estudar. Eu me trancava no quarto para estudar. Eu trabalhava meio período e quando chegava em casa eu só estudava. Prestei o concurso e fiquei em 3º lugar. Eu chorei de alegria por ter conquistado esse sonho.

Esse foi o divisor de águas em minha vida, pois foi nesse emprego que eu conheci Jesus, por meio de uma moça que trabalhava comigo e sempre me falava d'Ele.

Recordo-me de que quando ela começava a falar de Jesus eu pensava: lá vem ela me falar desse Jesus. Eu já não aguento mais... então eu ia ao banheiro, saía para beber água, eu vivia fugindo. Eu não queria conhecer o Jesus do qual ela tanto falava. Eu fugia tanto que chegava a me dar dor de barriga sem eu estar com vontade de ir ao banheiro de tão psicológica que era a minha fuga de ouvir sobre Ele. Hoje eu entendo e vejo que ela estava cumprindo a palavra de Deus.

Marcos 16:15 (ARA) – *E disse-lhes: Ide por todo o mundo e pregai o evangelho a toda criatura.*

Eu era a criatura descrita na Bíblia, aquela que não conhecia Deus. Eu tinha o desejo queimando em meu coração, mas meus ouvidos estavam voltados para o mundo e para tudo o que era do mundo, e mesmo eu querendo conhecer Jesus eu não tinha ideia de como acessá-lo, pois só de ouvir falar n'Ele eu já me sentia desconfortável.

Talvez você esteja lendo isso e pensando: ah, entendi, mas o que eu tenho a ver com a sua história? Talvez você esteja relutando em terminar de ler este livro depois que eu te contei um pouco da minha história. Talvez esteja relutante por se identificar de alguma forma e não querer reconhecer ou por parecer que é uma história muito emotiva e triste, e, de fato, ela foi. Mas não feche o livro, continue a lê-lo, pois assim como eu fui tratada na presença do Senhor, Ele te convida a ser também em meio a tantos acontecimentos do seu dia a dia.

Talvez, no seu caso, você não tenha perdido um pai, mas uma mãe; talvez você não tenha tido em sua criação um pai ou uma mãe; talvez você tenha se entristecido por outro parente seu que tenha falecido; talvez você tenha ficado triste por não ter conseguido se despedir da pessoa amada ou por ter perdido o emprego, e outras tantas situações. Fique tranquilo e continue a ler. Tudo o que está escrito aqui tem um propósito de Deus para sua vida.

Você pode estar pensando que naquela época eu fui imatura em viver da forma como eu vivia. Sim, fui sim! Eu fui totalmente imatura, eu me comportei como aquela criança mimada que quando não dão o que ela quer, ela bate as pernas, pula, chora, até conseguir. Só que esse é um exemplo clássico de que muitas coisas não têm retorno e não adianta chorar.

Enquanto criaturas por este mundo afora, somos acometidos de diversos sentimentos, posturas, queixas, rancor, ódio, tristeza. O coração vive em um verdadeiro sofrimento sem fim, desolado e desencorajado a ir para onde quer que precisemos ir.

A criatura é aquela que ainda não conhece Deus de perto. Há nela o desejo de conhecê-lo, mas ela desconhece e não entende que Deus é amor.

> 1João 4:16b (ARA) – ...Deus é amor, e aquele que permanece no amor permanece em Deus, e Deus, nele.

Deus é amor e Ele quer que vivamos em amor, só que enquanto criaturas esse sentimento ainda é desconhecido. Só se conhece o que é amor quando se rende a vida a Ele.

Então, naquele emprego eu conheci Jesus, apaixonei-me e me rendi a Ele. Deus usou aquela mulher para me mostrar o Seu infinito amor por mim.

Passei a frequentar a igreja e me batizei em 2006. Minha mãe ainda estava na outra religião e rapidamente percebeu que eu estava diferente, pois eu já não andava escondida e submissa à tristeza e à incapacidade. Eu estava diferente, havia uma luz em mim.

1João 1:5 (ARC) – *E esta é a mensagem que dele ouvimos e vos anunciamos: que Deus é luz, e não há nele treva nenhuma.*

Foi quando eu comecei a ver "as imagens/estátuas" que minha mãe tinha espalhadas pela casa e comecei a tirá-las de onde estavam. Ela logo percebeu e brigou comigo, e me pediu para abandonar a igreja evangélica. Mas eu não queria e continuei a ir, escondida, pois finalmente eu havia conhecido aquele que me amava incondicionalmente, que morreu por mim na cruz. Eu não queria parar de ir à igreja, não queria abrir mão do meu Deus, e nos seis meses seguintes eu continuei indo contra a vontade dela.

Em um determinado dia, ela percebeu que eu não renunciaria voluntariamente ao meu Deus e me trancou em casa, dizendo: "Se você for à igreja hoje não volte mais para casa, pois as portas estarão fechadas para você! Vai morar em qualquer lugar, menos aqui! Você escolhe: ou sua família ou a igreja. Se escolher a igreja não precisa voltar!".

Eu havia perdido meu pai Cido recentemente e eu não queria perder também a minha mãe e meu irmãozinho de 4 anos, fruto do casamento de meu pai Cido com a minha mãe.

Eu ainda era um bebê na fé e renunciei à igreja para manter unido o que tinha sobrado da minha família.

E foi ali, então, que orei a Deus, pedindo perdão, e renunciei à minha caminhada com Cristo. E chorei, chorei e chorei... Eu me senti perdendo mais um pai, mas agora era o Deus-Pai, tão perfeito e amável. Com Ele eu me sentia abraçada, cuidada, amparada, amada... Eu tinha a vida de Cristo em mim, tinha um propósito de vida.

Esse foi o período mais difícil, mais doloroso da minha vida, mais difícil até mesmo do que quando meu pai Marcos nos abandonou para morar na rua e do que quando meu pai Cido faleceu. Foi um período em que eu me senti morrendo de fato. Eu não podia adorar o meu Deus, eu não podia mais cultuar com os meus irmãos em Cristo.

Até aqui eu já havia passado por muita coisa, mas foi ainda pior ficar sem o meu Deus. Além da tristeza profunda, era também uma tristeza que me consumia. E além dela havia dentro de mim o grito do meu espírito. Era ele a gritar porque sem eu perceber eu estava voltando para o mundo. E eu somente pensava: estou cumprindo o mandamento do Senhor! Estou honrando minha mãe! E em meio a choros e lágrimas, eu tomei a decisão mais difícil de toda a minha vida, abri mão do meu Deus para honrar a minha mãe, pois eu tinha comigo este mandamento:

Efésios 6:1-2 (ARC) – *Vós, filhos, sede obedientes a vossos pais no Senhor, porque isto é justo. Honra a teu pai e tua mãe, que é o primeiro mandamento da promessa, para que te vá bem, e vivas muito tempo sobre a terra.*

Essa foi, sem dúvida, a decisão mais difícil de toda a minha vida, o acontecimento mais dolorido de todos. Eu não sabia como lidar com isso. Eu só pensava que tinha que honrar a minha mãe, como diz a palavra de Deus. Eu precisava honrá-la, pois assim demonstraria ao meu Deus-Pai que O amava!

Nos quinze anos seguintes eu andei com Deus em meu coração, mas eu não me sentia mais digna de voltar para a casa d'Ele. Eu tinha vergonha. Nesse período eu me casei, tive filho e não conseguia voltar para a igreja evangélica, pois havia uma palavra, aquela que minha mãe havia liberado sobre a minha vida, e eu não conseguia sair debaixo dela. Eu me sentia presa, tendo que cumprir o acordo que eu havia feito com ela. Eu não me sentia digna para voltar à casa do Pai.

Ao longo desse tempo eu fui conhecendo outras religiões e fui me aliançando a elas, e sem perceber eu percorri um grande número delas. Eu procurava por Deus em cada uma delas. Lembro-me de que eu dizia: "Essa vai ser diferente! Nessa eu vou sentir Deus!". E nada de achar Deus ali. Durante quinze anos eu pensei que pudesse encontrar Deus em outros lugares, mas não encontrei.

Durante esses quinze anos o relacionamento com a minha mãe nunca mais foi o mesmo. Não éramos tão próximas como antes e fomos nos afastando até o ponto de eu não querer vê-la com tanta frequência. Eu sentia tristeza de estar perto dela. Eu não conseguia perdoá-la nem me perdoar.

Durante esse tempo eu continuei orando em casa e buscando a presença de Deus. O meu amor por Deus era enorme. No início eu ainda sentia a presença do Senhor, mas chegou um ponto em que eu não O sentia mais. Sem perceber, eu O havia perdido em meio aos tantos lugares que eu havia ido, a tantas religiões que eu havia frequentado, e em meio a tantas tormentas.

Em 2021, minha mãe veio à minha casa, em que moro como meu marido e meu filho, e disse: "Estou indo na igreja. Sou evangélica!". Meu coração parou. Eu gelei e fui tomada por um ímpeto de ira, e respondi: "Mãe, você me tirou da igreja e agora você está lá?!". Lembro-me de que quando ela foi embora da minha casa eu chorei, revoltei-me e disse a mim mesma: "Por que para mim não podia ser? Por que para mim não?". Também me lembro de pensar: eu não precisava ter vivido tudo o que eu vivi. Por que eu tive de viver tudo aquilo, por que tive de me afastar do meu Deus? Por quê?

Então ela me visitou novamente e tomou coragem e me disse: "Filha, faz dois anos que estou indo na igreja e fui batizada". Escutar isso me doeu ainda mais. Eu pensei: dois anos! Como assim dois anos?! Eu gritava dentro de mim e pensei: não podia ter me dito antes que tinha sido batizada e que estava frequentando a igreja durante todo esse tempo? E em meio a tudo isso, ela ainda me disse: "Seu irmão também foi batizado na mesma igreja". Isso também doeu demais. Eu havia sido esquecida. E pensei: por que não fui convidada? Eu chorei por dentro e disse a Deus: "Por que comigo, meu Deus! Por que comigo?".

Quando ela foi embora eu só chorava, arrependida por não estar mais próxima ao meu Deus. Um peso enorme caiu sobre os meus ombros. Eu me sentia tão suja espiritualmente que já não conseguia voltar para junto d'Ele por mim mesma, eu já não tinha forças.

Em meio a tanto orgulho e tanta mágoa, eu não conseguia ver que quando a minha mãe me proibiu de frequentar a igreja, ela era a mesma criatura que eu havia sido um dia, que assim como eu cheguei a ter dor de barriga por fugir de ouvir falar sobre Jesus, a fuga dela foi me proibir de servir ao meu Deus me prendendo em casa.

Naquela época eu não conseguia entender que ela também precisou ser tratada e curada daquela palavra que ela havia declarado em minha vida, pois naquele acordo nós fizemos uma aliança de sangue e eu ainda estava com aquele julgo sobre a minha vida.

Então o coração da minha mãe começou a mudar e ela entrou em oração pela minha vida, ela começou a interceder por mim, ela me pediu perdão e eu a perdoei, e o nosso antigo acordo/ aliança foi quebrado e eu me sentia livre para amar o meu Deus. Sim, foi minha mãe quem me tirou da casa do Pai e foi ela quem me levou de volta à casa d'Ele em 2021.

Ali, então, após ela me levar de volta à casa do Pai, nossos laços se estreitaram e tudo o que minha mãe só conseguia me dizer com o olhar, ela passou a me dizer de verdade, com a sua voz: "Filha, eu te amo". Sim, ela conseguiu me dizer que me amava!

Hoje minha mãe é uma mulher de Deus. Ela ama servir à casa de Deus, passa mais tempo do que eu na igreja. Ela limpa, lava, serve na cantina, na intercessão, na consolidação. Ela tem o coração de servir e está sempre disponível a ajudar quem precisa.

Hoje caminhamos juntas eu e ela. Ela é a minha melhor amiga, eu escuto os seus conselhos e a honro. Eu ligo para ela todos os dias para dizer o quanto eu a amo.

Assim como eu, talvez você tenha tido experiências à procura de Deus ou talvez ainda esteja procurando por Ele, então estou passando para te dizer: você não precisa mais procurar porque Ele está aqui, estendendo-lhe as mãos. Dê as mãos para Ele e vá viver todas as maravilhas que Ele tem para sua vida. Chega de cegueira espiritual. Chega!

Deus está estendendo-lhe as mãos nesse dia e lhe dizendo: "Venha, junta-se a mim, dê-me a sua mão. Vamos caminhar por sobre as águas. Vamos caminhar! Eu sou o teu Deus e vou te cuidar, orientar e guiar. Venha! Não demore!".

Ali, ao me render aos pés de Jesus, minha identidade foi restaurada e todo aquele julgo que me foi imposto desde a infância acabou, todas as comparações entre eu e meu pai Marcos acabaram, toda a hereditariedade fracassada por meu avô paterno ter se consagrado com rituais e oferendas, toda a tristeza dentro de mim, tudo foi restaurado por Deus.

Deus restaurou a minha identidade, Ele me fez enxergar quem realmente sou em Cristo! Ele me trouxe alegria, trouxe-me a vida de Cristo, tirou-me da alienação espiritual em que eu vivia, trouxe-me a luz.

Ah! E a você que me lê: obrigada por ter me permitido compartilhar com você um pouquinho da minha história. Eu não podia continuar este livro se eu não te falasse sobre as minhas origens e vivências.

Sinto agora que você me conhece e sabe um pouco da minha história, então continuemos e caminhemos nas linhas deste livro, pois Deus tem ainda mais para derramar sobre sua vida.

O fato de eu ter-lhe contado sobre a minha vida é porque Deus me tocou de forma tão forte sobre esse assunto que eu não podia deixar de te contar por onde estive, de onde saí, por onde passei e para onde Ele me levou.

Assim como eu, você também passou por muitas situações. A sua vivência pode até se parecer com a minha ou talvez a sua vida tenha sido completamente diferente, mas tudo por quanto passamos em nossa caminhada, tudo o que vivemos e experimentamos, é para que hoje possamos anunciar a outros o amor de Deus. O mundo aí fora é triste, mas a vida com Deus é maravilhosa e cheia de bênçãos te esperando.

Vamos falar no próximo capítulo exatamente sobre isto: identidade restaurada.

CAPÍTULO 5
O RETORNO À CASA DO PAI – IDENTIDADE RESTAURADA

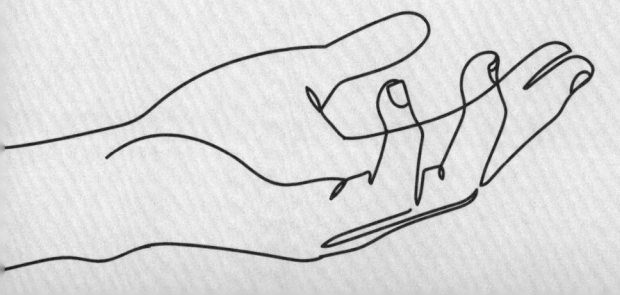

Sim, fizemos uma pequena pausa, passamos pela história da minha vida. Agora retornemos. Continuemos com a Parábola do filho perdido.

Lucas 15:17 (NAA) – *Então, caindo em si, disse: "Quantos trabalhadores de meu pai têm pão com fartura, e eu aqui estou morrendo de fome!"*.

Sim, essa é a fase em que o filho perdido reconhece que andar com o Pai é, sem dúvida, a melhor forma para se viver bem e saudável. O Pai lhe dá comida espiritual, cuidado, amparo. Ele provê tudo o quanto é necessário e até o que não pedimos e/ou pensamos. Reconhecer que a casa do Pai é o melhor lugar para se estar é dizer:

- Pai, cansei de viver ao meu modo. Quero viver o que o Senhor tem para mim.

- Pai, eu fui e caminhei por tantos lugares que pensei serem melhores para mim, mas eu estava errado.
- Pai, eu quis ser rebelde e viver ao meu estilo, eu quis a liberdade, porém eu sucumbi.
- Pai, eu quero voltar para o centro de Sua vontade, para o lugar de onde eu nunca deveria ter saído.
- Pai, sou teu filho amado, sei que me ama e hoje compreendo que a Sua vontade é melhor do que eu posso pensar ou imaginar.

> Lucas 15:18 (NAA) – *Vou me arrumar, voltar para o meu pai e lhe dizer: Pai, pequei contra Deus e diante do senhor.*

Nesse momento, o filho perdido já sabe onde errou e por que se desviou dos cuidados do Pai. Agora ele sabe que pecou, está cheio de fome de Deus, de feridas expostas, de cicatrizes ainda mais profundas. Chega quase sem fôlego, sedento pelos cuidados do Pai.

O filho perdido começa a reconhecer que ao sair da casa do Pai, a única coisa que ele fez foi se perder no mundo de fascinação e liberdade enganosa e ilusória de satanás.

Agora, além da necessidade, ele consegue ser humilde e reconhecer que errou, ele consegue se render ao Pai, ele já está pronto para isso. Então, sem sentir mais medo, ele quer voltar à casa de seu Pai. Surge nele uma ousadia divina para voltar a receber os cuidados divinos.

O filho perdido deixa o orgulho e a rebeldia e se coloca à disposição do Pai. Ele está disposto a voltar para onde nunca deveria ter saído, que é do centro da vontade de Deus-Pai.

Ele reconhece que errou e no que errou. É o momento de reconhecer em que parte do caminho ele se desviou, de reconhecer suas falhas, seus pecados, sua ira, sua raiva, sua falta de perdão. É o momento do filho perdido dizer:

Lucas 15:18b (NAA) – *...Pai, pequei contra Deus e diante do senhor.*

Sim, o filho perdido já não tem sobre seus olhos o véu que o cegava, agora ele pode assumir seus erros. É assim conosco também, precisamos dar nomes aos nossos pecados. Quando se consegue chegar a essa etapa é sinal de que é preciso assumir e dar nomes a eles.

Sim, somos humanos, erramos e vivemos diariamente acontecimentos que se não vigiados nos levam ao pecado.

Marcos 14:38 (NAA) – *Vigiem e orem, para que não caiam em tentação; o espírito, na verdade, está pronto, mas a carne é fraca.*

Sim todos os dias, a cada momento, a cada segundo, Deus nos convida a orarmos e vigiarmos, pois somos humanos e nosso corpo é corruptível, nosso pensamento é corruptível, porém nosso espírito está pronto, clamando e gritando dentro de cada filho: "Escuta-me! Pare de escutar seu corpo, pare de escutar sua alma, escuta-me. Posso te levar a lugares divinos, mais próximos à presença de Deus-Pai, posso te guiar e orientar. Venha e caminhe conforme Deus o chamou e viva para o propósito d'Ele, nosso Senhor!".

E aí que a alma grita e diz que são loucuras as coisas do espírito, pois as coisas que os olhos veem e os ouvidos ouvem parecem mais sensatas. Porém o espírito não é guiado pelo que os olhos veem e muito menos pelo que os ouvidos ouvem.

1Coríntios 2:9 (NAA) – *Mas, como está escrito: "Nem olhos viram, nem ouvidos ouviram, nem jamais penetrou em coração humano o que Deus tem preparado para aqueles que o amam".*

O espírito do filho é guiado por Deus e tudo o quanto provém de Deus é excepcional e perfeito. Muitas vezes parecerá loucura aos olhos e ouvidos humanos, mas é esse o ponto mais lindo de todos, pois se permitir ouvir a Deus é renunciar à carne e à alma, é deixar a razão de lado, abrir os braços e se render aos pés de Jesus, é ajoelhar-se e dizer: "Pai, estou aqui! Guia-me, pois creio que o Senhor é o Senhor dos Senhores, é o único Deus!".

1Coríntios 2:10 (NAA) – *Deus, porém, revelou isso a nós por meio do Espírito. Porque o Espírito sonda todas as coisas, até mesmo as profundezas de Deus.*

Sim, o nosso espírito recebe as informações do Espírito de Deus nosso Pai por meio do Espírito Santo que habita em nós, e como vemos tudo o que é de Deus é revelado em nosso espírito, e é justamente por isso que devemos orar e vigiar, pois se não estivermos conectados com o Pai não entenderemos se o que estamos recebendo é de Deus ou do maligno, e isso se dá pela falta de intimidade com o Deus-Pai.

Continuemos com a Parábola do filho perdido:

Lucas 15:19 (NAA) – *Já não sou digno de ser chamado de seu filho; trate-me como um dos seus trabalhadores.*

Sim, o filho perdido agora olha o que fez e pelos caminhos por onde passou. Ele consegue realmente se ver e ver a que ponto deprimente ele chegou. A cegueira espiritual não faz mais parte dele e ele enxerga a sua real situação. Mas ele pensa que o Pai o tratará com desprezo e repúdio, que o Pai não o aceitará como seu filho.

Mesmo não estando mais cego espiritualmente, o filho perdido continua com sua visão distorcida, como se ele ainda estivesse vendo tudo borrado, uma visão que ainda precisa de cuidados e ser tratada; ele também continua surdo espiritualmente, sem escutar direito a voz de Deus-Pai. Ele ouve apenas pequenos fragmentos, então não consegue escutar de forma clara e audível, o Pai lhe dizendo que o aceita de volta como filho.

Mateus 11:28 (NAA) – *Venham a mim todos vocês que estão cansados e sobrecarregados, e eu os aliviarei.*

Sim, o Pai o chama para que todo esse sobrepeso, esse cansaço e esse desgaste espiritual sejam aliviados. O Pai o espera de braços abertos, chama-o de volta como filho. Porém, o filho perdido ainda não consegue escutar de forma audível a voz do Pai, ele pensa: vou voltar a casa do meu Pai, ficar ali e comer do pouco que me for dado. Contudo Deus não dá pouco para Seus filhos. Ele dá tudo com fartura e abundância, tudo que provêm d'Ele não é mediano ou pouco, é sempre perfeito e ainda melhor do que pedimos ou pensamos.

O filho perdido já não se sente digno de ser filho do Pai e se coloca na posição de empregado, pois sua visão está distorcida e precisando de tratamento. É como se ele precisasse usar óculos para enxergar além do que está vendo e/ou sentindo. Essa visão distorcida vem do fato de sua identidade ter sido corrompida e, por isso, não se sente digna de ser restaurada.

Essa identidade corrompida se deu devido a tantos caminhos e tantas vivências inadequadas que o filho perdido passou/viveu. Ele foi aceitando julgamentos e rótulos durante a sua caminhada perdida, que foram corrompendo a sua identidade divina; ele já não se sente digno do Pai.

    O próprio filho perdido desejou e aceitou mudar a sua paternidade de filho para empregado de seu Pai, só que o que ele não sabe é que não se pode mudar a relação entre eles após se tornar filho de Deus, pois Deus não permite que Seus filhos mudem de paternidade.

    Porém satanás diz constantemente que o filho perdido não é mais digno de ser chamado filho de Deus e acaba trazendo à tona todos os lugares e caminhos por onde ele passou, fazendo-o lembrar-se de tudo que ele fez. Ele mostra para o filho perdido seus pecados e diz que eles são tão sujos que jamais serão perdoados por Deus.

    Satanás então está bravo e indignado, satanás não aceita perder, ele não aceita não; então ainda assim não se dando por vencido, satanás age de forma quase que imperceptível dizendo ao filho perdido como sugestão em pensamento, e então o filho perdido aceita o pensamento que lhe veio em mente e pensa ser de si mesmo e anuncia:

Lucas 15:19 (NAA) – *Já não sou digno de ser chamado de seu filho; trate-me como um dos seus trabalhadores.*

Porém satanás sabe e finge não saber que Deus não permite que Seus filhos mudem de identidade. Ela pode ser corrompida, mas não pode jamais ser mudada.

A IDENTIDADE EM NÓS DE FILHOS DE DEUS: PODE SER ATÉ CORROMPIDA, MAS NÃO PODE JAMAIS SER MUDADA.

Deus não abandona Seus filhos, Ele tem ciúmes de Seus filhos, até mesmo dos que se perderam no decorrer do tempo, pois continuam sendo Seus filhos.

Deuteronômio 4:24 (NAA) – *Porque o SENHOR, o Deus de vocês, é fogo consumidor, é Deus zeloso.*

Deus continua cuidando de Seus filhos mesmo quando um deles se desvia, se perde. O que acontece é que assim que o filho se perde, seus olhos e ouvidos se fecham para a Graça divina por não estarem mais prontos para ouvir, ver e sentir a voz de Deus-Pai. Não foi o Pai que abandonou o filho perdido e, sim, o próprio filho que renunciou ao amor e ao cuidado do Pai. Jesus nos ensinou que devemos renunciar.

Lucas 14:33 (NAA) – *Assim, pois, qualquer um de vocês que não renuncia a tudo o que tem não pode ser meu <u>discípulo</u>* (grifo da autora).

Onde está escrito "discípulo", em Lucas 14:33, substitua-o pela palavra "filho".

Então ficará: *Assim, pois, qualquer um de vocês que não renuncia a tudo o que tem não pode ser meu filho* (grifo e alteração feitos pela autora).

Sim, renunciar a tudo o que se tem também é renunciar aos seus pecados e às suas iniquidades.

O Pai espera apenas que o filho perdido, antes de adentrar novamente ao seio familiar, confesse e renuncie seus pecados dando nomes a eles. Os pecados têm nomes, eles precisam ser renunciados e confessados em voz alta.

Você pode estar pensando: mas preciso renunciar? Não posso somente seguir em frente e ficar tudo bem? A resposta é sim, precisa confessar e renunciar. Aqui podem surgir pensamentos sugestivos lhe dizendo: para que renunciar? Para que confessar? Que coisa mais estranha, renunciar com esse livro?

Se esses tipos de pensamentos ou pensamentos similares surgirem, repreenda-os em nome de Jesus. Diga em voz alta:

– *Repreendo em nome de Jesus todo espírito de engano; repreendo todo espírito que não queira que eu viva o que Deus tem para mim; repreendo em nome de Jesus e dou uma ordem no mundo espiritual: satanás, eu não aceito seus pensamentos sugestivos, eu não aceito o que você tem para me* dar, pois tudo o que provém de ti, satanás, é sujo e perverso. Eu te dou uma ordem com a autoridade que tenho e que Deus me deu: Saia em nome de Jesus. Eu te amarro, te acorrento e te lanço no fogo do inferno, pois lá é o seu lugar!

O livro de Mateus nos ensina sobre isso.

Mateus 10:32-33 (NAA) – *Portanto, todo aquele que me confessar diante dos outros, também eu o confessarei diante de meu Pai, que está nos céus; mas aquele que me negar diante das pessoas, também eu o negarei diante de meu Pai, que está nos céus.*

Sim, confessar e renunciar os pecados é importante, e a palavra de Deus nos convida a isso. Assim, é quebrada a ação de satanás, dando a Jesus o acesso a nossa vida. Cuidado até mesmo com o que parece ser inofensivo: renuncie, perdoe e declare em voz alta a confissão e a renúncia.

1João 1:8-10 (NAA) – *Se dissermos que não temos pecado nenhum, a nós mesmos enganamos, e a verdade não está em nós. Se confessarmos os nossos pecados, ele é fiel e justo para nos perdoar os pecados e nos purificar de toda injustiça. Se dissermos que não cometemos pecado, fazemos dele um mentiroso, e a sua palavra não está em nós.*

Sim, é preciso confessar e renunciar. Não há como dar o próximo passo se essa etapa não for concluída. Mas ela não deve ser concluída de qualquer forma. Ela precisa ser concluída com êxito, é necessário, de fato, confessar e renunciar a tudo a até às pequenas coisas, que parecem insignificantes.

Esse é o momento que Deus te convida a confessar e a renunciar. Então, para esse momento de confissão e de renúncia, coloquei a seguir a sugestão de uma oração, caso você não saiba ou não consiga fazer sozinho. Escrevi da maneira como Deus colocou em meu coração.

Oração de confissão e renúncia:
– **Senhor, meu Pai, neste momento eu quero adentrar novamente ao Seu seio familiar, eu quero me abster de tudo o quanto**

eu fiz de errado e de todos os pecados e iniquidades que cometi perante o Senhor, meu Deus. Eu confesso e renuncio a tudo que eu fiz de errado e peço perdão. Ajude-me a me perdoar e a perdoar as pessoas que passaram pelo meu caminho, pessoas que me ofenderam e que eu ofendi. Pai, eu sei o quanto o perdão é importante e sei também que não quero de forma alguma estar algemado a uma pessoa ou a uma situação por falta de perdão! (comece a confessar e a renunciar em voz alta a tudo o que lhe vier à mente. Peça perdão. Deus lhe trará à mente todas as pessoas e situações que não estão de acordo com o bom convívio divino. E como saber? Ele lhe mostrará a forma exata do que foi feito, falado ou vivido naquele momento. Talvez você comece a sentir raiva, nervoso, vontade de parar; talvez você não sinta mais vontade e queira interromper o que começou, porém vou lhe dizer: não pare de confessar e de renunciar a tudo que Deus lhe trouxer à mente. Confesse e renuncie sem titubear, sem cessar, não pare. Continue em voz alta, Deus é contigo. Vai falando e confessando em voz alta e renunciando a cada situação que lhe passar à mente. Peça perdão e permita que Deus lhe mostre a luz divina em todas as situações, permita que Ele rompa esse véu para que a lanterna divina do Seu amor e de Sua misericórdia chegue a você).

Continue a oração:
– **Senhor, perdoe-me, pois saí de sua casa, fui para lugares que não te agradou, vivi o que não deveria ter vivido** (comece a se lembrar dos lugares que você foi com detalhes e os diga em voz alta a Deus, conte a Ele os detalhes e o que você fez, confesse e renuncie, peça perdão. Se você foi para outras religiões e/ou se consagrou para deuses satânicos, confesse e renuncie. Não pare, confesse cada um, conte cada detalhe a Deus e renuncie a todos, não precisa temer. Deus está esperando sua confissão e renúncia para que você consiga viver uma nova história ditada por Deus).

Continue a oração:
– **Senhor, eu não soube te ouvir, eu não tive fé em Ti, eu não soube esperar o Seu tempo, meu Pai! Eu não soube esperar em Ti, eu quis viver por mim e do meu jeito, e me perdi em meio a tantas ilusões e tantos pensamentos inadequados** (aqui é momento de confessar a Deus e dizer que você deu mais importância ao

que você queria, confessar que você foi um bebê na fé. Declare em voz alta sem cessar. Se começar a chorar, chore, mas chore de coração, permitindo que Deus faça uma limpeza, e remova toda a sujeira espiritual que ainda pode estar guardada. Renuncie a tudo o que viveu).

– **Pai, eu renuncio a todas as obras da carne, assim como Sua palavra me diz em Gálatas 5:19b-21 (NAA): "imoralidade sexual, impureza, libertinagem, idolatria, feitiçarias, inimizades, rixas, ciúmes, iras, discórdias, divisões, facções, invejas, bebedeiras, orgias e coisas semelhantes a estas"** (confesse e renuncie a tudo em voz alta, e também às demais que passarem pela sua mente). Confesse e renuncie, não hesite, pois:

> **Jó 34:21(NAA)** – *Os olhos de Deus estão sobre os caminhos do homem e veem todos os seus passos.*

Não adianta tentar mentir e/ou esconder qualquer coisa. Não deixe de confessar todos os seus pecados e de renunciar a todos eles, pois Deus tudo sabe, Ele tudo vê e Ele tudo conhece.

Continue em oração e diga:

– Deus, meu Pai, o Senhor é importante na minha vida. Reconheço, Pai, a Sua soberania. O Senhor é o criador e o dono de tudo o que há na Terra, em cima e abaixo dela, pois tudo o que foi criado foi o Senhor quem criou. Confesso o quanto errei como filho não aceitando seus ensinamentos e seus cuidados de Pai; confesso e renuncio até mesmo quando estive feliz por estar um período no mundo caminhando na erraticidade; mas lhe digo, Pai, que me senti vazio por não ter o Senhor, meu Pai, por perto. Renuncio, Pai, a tudo que passei, vivi e senti que não foi do Seu agrado divino, a tudo eu renuncio.

E é nessa fase da oração que sua identidade começa a ser restaurada. É nessa fase que se quebra o laço emaranhado com satanás e é feita uma aliança divina com o nosso Pai. É aqui que, de fato, declaramos e confessamos a Jesus como nosso único Senhor e Salvador. É necessário confessar para que sua identidade em Cristo Jesus seja restaurada, para que sua vida seja guiada por Deus.

Continuemos em oração:
- Confesso que Jesus é o próprio Deus vivo, meu Pai, é meu único Senhor e Salvador. Ele é aquele que tudo o que faz, é divino e soberano. Eu sou filho d'Ele e Ele é o meu Pai! Eu retorno à casa de meu Pai como filho amado, pois, assim eu o sou, filho amado do meu Pai, pois é o que a sua palavra diz sobre mim.

Eu declaro sobre a minha vida o que é dito em Jeremias 1:5 (NAA): "Antes de formá-lo no ventre materno, eu já o conhecia; e, antes de você nascer, eu o consagrei e constituí profeta às nações". Eu declaro sobre a minha vida o que é dito em Marcos 1:11b (NAA): "Você é o meu filho amado; em você me agrado".

Sei que sou especial aos olhos do meu Pai, pois em Salmos 17:8 (NAA) consta: "Guarda-me como a menina dos olhos; esconde-me à sombra das tuas asas".

Sei que o Senhor meu Deus me protege, como diz Sua palavra em Salmos 17:9 (NAA) – "Protege-me dos perversos que me oprimem, dos inimigos que me assediam de morte".

O Seu amor me salvou e a Sua misericórdia é renovada a cada manhã. A Sua palavra diz em Lamentações 3:22-27 (ARA): "As misericórdias do SENHOR são a causa de não sermos consumidos, porque as suas misericórdias não têm fim; renovam-se cada manhã. Grande é a tua fidelidade. A minha porção é o SENHOR, diz a minha alma; portanto, esperarei nele. Bom é o SENHOR para os que esperam por ele, para a alma que o busca. Bom é aguardar a salvação do SENHOR, e isso em silêncio. Bom é para o homem suportar o jugo na sua mocidade".

A Sua palavra me diz em João 3:16 (NAA): "Porque Deus amou o mundo de tal maneira que deu o seu Filho unigênito, para que todo o que nele crê não pereça, mas tenha a vida eterna". Eu confesso Jesus como meu único Senhor e Salvador!

Eu declaro e confesso que Jesus é o meu único Senhor e Salvador, como é dito em Colossenses 1:13-20 (NAA): "Ele nos libertou do poder das trevas e nos transportou para o Reino do seu Filho amado, em quem temos a redenção, a remissão dos pecados. Ele é a imagem do Deus invisível, o primogênito de toda a criação, pois nele foram criadas todas as coisas, nos céus e na Terra, as visíveis e as invisíveis, sejam tronos, sejam soberanias, quer principados, quer potestades. Tudo foi criado por meio dele e para ele. Ele é antes de todas as coisas. Nele tudo subsiste. Ele é a cabeça do corpo, que é a igreja. Ele é o princípio, o primogênito entre os mortos, para ter a primazia em todas as coisas. Porque Deus achou por bem que, nele, residisse toda a plenitude e que, havendo feito a paz pelo sangue da sua cruz, por meio dele reconciliasse consigo mesmo todas as coisas, quer sobre a Terra, quer nos céus".

Eu aceito, creio e tomo para minha vida, o que a Sua palavra, meu Deus, diz sobre mim e sobre a minha vida: Colossenses 1:21-23 (NAA): "E vocês, que no passado eram estranhos e inimigos no entendimento pelas obras más que praticavam, agora, porém, ele os reconciliou no corpo da sua carne, mediante a sua morte, para apresentá-los diante dele santos, inculpáveis e irrepreensíveis, se é que vocês permanecem na fé, alicerçados e firmes, não se deixando afastar da esperança do evangelho que vocês ouviram e que foi pregado a toda criatura debaixo do céu...".

Deus-Pai, eu declaro, confesso e aceito tudo o que eu declarei de bênçãos em minha vida. Eu creio em Suas palavras de amor, cuidado e proteção, creio em Suas promessas, creio em nome de Jesus que todas essas máximas que declarei já estão disponíveis no mundo espiritual para mim. Eu volto à casa do meu Pai e me rendo ao Seu amor, e sei que o Senhor me recebe de braços abertos. Pai eu te peço restaura a minha identidade, pois sei que é por Sua Graça e Sua misericórdia que hoje estou aqui, vivo, salvo, e que meus pecados foram lavados e redimidos através do seu sangue, Jesus de cruz, e todo jugo do passado, e tudo que satanás tentou dizer sobre a minha vida nada mais tem efeito, pois eu sou mais do que vencedor em Cristo Jesus, e eu declaro que tenho a vida eterna ao lado do Deus-Pai.

A palavra do Senhor meu Deus, me diz em Jeremias 29:11-14 (NAA): "'Eu é que sei que pensamentos tenho a respeito de vocês', diz o Senhor. 'São pensamentos de paz e não de mal, para dar-lhes um futuro e uma esperança. Então vocês me invocarão, aproximar-se-ão de mim em oração, e eu os ouvirei. Vocês me buscarão e me acharão quando me buscarem de todo o coração. Serei achado por vocês' diz o SENHOR, 'e farei com que mude a sorte de vocês. Eu os congregarei de todas as nações e de todos os lugares para onde os dispersei', diz o SENHOR 'e trarei vocês de volta ao lugar de onde os mandei para o exílio'". Sim! Deus me tirou do exílio. Já não sou mais um filho perdido, agora Deus-Pai me chama pelo meu nome: filho(a) (coloque e fale aqui o seu nome completo com sobrenome).

Davi nos fala sobre o que acontece quando confessamos e renunciamos nossos pecados.

Salmos 32:1-5 (NAA) – Bem--aventurado aquele cuja transgressão é perdoada, cujo pecado é coberto. Bem--aventurado é aquele a quem o SENHOR não atribui iniquidade e em cujo espírito não há engano. Enquanto calei os meus pecados, envelheceram os meus ossos pelos meus constantes gemidos todo o dia. Porque a tua mão pesava dia e noite sobre mim, e o meu vigor secou como no calor do verão. Confessei-te o meu pecado e a minha iniquidade não mais ocultei. Eu disse: "Confessarei as minhas transgressões"; e tu *perdoaste a iniquidade do meu pecado.*

Sim, Davi nos ensina o quanto são bem-aventurados aqueles que têm seus pecados perdoados e nos mostra a importância do confessar e renunciar a tudo que não é pertinente a Deus. A partir de agora já não existem mais barreiras entre você e Deus, entre o filho que estava perdido e Deus.

> **Romanos 8:31-35 (NAA)** – *Que diremos, então, à vista destas coisas? Se Deus é por nós, quem será contra nós? Aquele que não poupou o seu próprio Filho, mas por todos nós o entregou, será que não nos dará graciosamente com ele todas as coisas? Quem intentará acusação contra os eleitos de Deus? É Deus quem os justifica. Quem os condenará? É Cristo Jesus quem morreu, ou melhor, quem ressuscitou, o qual está à direita de Deus e também intercede por nós. Quem nos separará do amor de Cristo? Será*

a tribulação, ou a angústia, ou a perseguição, ou a fome, ou a nudez, ou o perigo ou a espada?

Agora justificados, Sua Graça recai sobre nós, somos agraciados com Sua tamanha misericórdia, somos redimidos e não há nada e ninguém que possa dizer o contrário, pois em todas as coisas somos mais do que vencedores:

Romanos 8:37-39 (NAA) – *Em todas estas coisas, porém, somos mais que vencedores por meio daquele que nos amou. Porque eu estou bem certo de que nem a morte, nem a vida, nem os anjos, nem os principados, nem as coisas do presente, nem do porvir, nem os poderes, nem a altura, nem a profundidade, nem qualquer outra criatura poderá nos separar do amor de Deus, que está em Cristo Jesus, nosso Senhor.*

Vejamos, o que Paulo nos fala em sua 2ª carta aos Coríntios:

2Coríntios 5:17 (NAA) – *E, assim, se alguém está em Cristo, é nova criatura; as coisas antigas já passaram; eis que se fizeram novas.*

Agora nada mais separa o filho, que estava perdido, do seu Pai, pois agora ele foi lavado pelo sangue do Cordeiro, agora ele tira suas antigas vestes, ele é aceito pelo Pai, e imediatamente sua identidade é restaurada.

Lucas 15:22 (NAA) – *O pai, porém, disse aos servos: "Tragam depressa a melhor roupa e vistam nele. Ponham um anel no dedo dele e sandálias nos pés".*

As antigas vestes do filho, que estava perdido, denunciavam os lugares e as ações que ele havia cometido. As suas velhas vestes estavam marcadas, rasgadas, furadas, sujas, e eram apenas trapos expostos denunciando a sujeira por onde esteve. Porém, agora:

- O Pai troca suas roupas – todas aquelas roupas que denunciavam a pobreza e a miséria espiritual, todas essas roupas o

Pai troca; inclusive, o Pai troca também aquelas roupas de sentimentos conturbados. Ele troca toda a roupagem que não condiz com a Graça divina, o Deus--Pai troca, pois agora tudo o que o filho fizer, por onde o filho andar, o filho levará o nome do Pai. Sim, suas novas vestes lhe dizem de onde você é e a qual família você pertence. E agora você já sabe: você pertence à família do Deus-Pai.

- O Pai lhe dá um anel – o pai lhe dá um anel. Você, agora, fez uma aliança com Deus-Pai ao confessá-lo como seu único Senhor e Salvador, seus votos são renovados. O Pai, então, renova a aliança contigo e agora, por onde você andar, essa aliança será apreciada, pois todos da Terra perceberão que você é filho do Deus Altíssimo, que você é aquele aliançado à Palavra de Deus; agora seu elo com Deus foi restabelecido.

- O Pai lhe dá sandálias – sim, as sandálias lhe guiarão por onde você for, são elas que apoiam seus pés ao chão, e que protegem seus caminhos de tudo que não é bom. O vestir as sandálias diz que agora você é filho e que seu caminho será sempre guiado pela palavra de Deus. A palavra do Senhor guiará hoje e sempre a sua vida.

E o Pai diz:

> Lucas 15:23 (NAA) – *Tragam e matem o bezerro gordo. Vamos comer e festejar.*

Após trocar suas vestes, o Pai vem festejar com o filho. O Pai tudo perdoou, Ele não se recorda mais do passado. Ele te dá tudo novo e te chama a festejar, Ele te dá a melhor comida espiritual, Ele renova a aliança com o filho e lhe mostra o quão importante o filho é para o Pai.

E o Pai anuncia:

> Lucas 15:24 (NAA) – *Porque este meu filho estava morto e reviveu, estava perdido e foi achado. E começaram a festejar.*

Agora, de fato, o Pai anuncia a quem quiser ouvir, que o filho (você) é Seu filho amado que tem a marca da Promessa, e é mais do que vencedor em Cristo Jesus. E agora, a paz que excede todo entendimento guardará o seu coração e a sua mente, e a Graça do Deus-Pai lhe concede todo tipo de sabedoria e entendimento.

Filipenses 4:7 (ARA) – E a paz de Deus, que excede todo entendimento, guardará o vosso coração e a vossa mente em Cristo Jesus.

Efésios 1:8 (VFL) – Deus derramou a sua graça abundantemente sobre nós na forma de todo tipo de sabedoria e entendimento.

Sim, o filho agora está coberto de sabedoria, entendimento e paz que transcendem o entendimento humano.

O espírito do filho agora está bem pertinho ao do Pai, sua identidade em Cristo Jesus é renovada.

Sim, agora a vida do filho é coberta pela Graça divina e tudo que o Pai é está também disponível para o filho. Ele agora está cheio da presença de Deus e já pode dar o próximo passo. Esse é o momento em que o filho está pronto para dar a partida rumo a: UMA VIDA GUIADA POR DEUS.

CAPÍTULO 6

UMA VIDA GUIADA POR DEUS

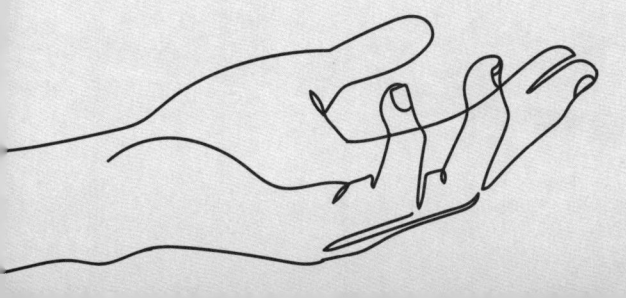

No decorrer de todo o livro percorremos capítulos que em alguns momentos podem ter causado desconforto ao lê-los, mas foi necessário para que você pudesse chegar até aqui. E, agora, nós vamos decolar. Você está pronto? Agora entraremos em uma nova fase. É a fase em que após sermos lavados e remidos no sangue do nosso Senhor Jesus, a Sua Graça redentora cobre as nossas vidas, Sua misericórdia se estende sem limites por todos os dias e em todas as áreas de nossas vidas.

Já não há mais tempo para caminhar no natural, Deus-Pai o convida para caminhar no espiritual. É tempo de mergulhar nas profundezas lindas, complexas e imensamente amorosas do nosso Deus-Pai.

1Coríntios 2:9 (NAA) – *Mas, como está escrito: "Nem olhos viram, nem ouvidos ouviram, nem jamais penetrou em coração humano o que Deus tem preparado para aqueles que o amam".*

Você não conseguirá entender o que se passa no coração de Deus, jamais conseguirá penetrar na imensidão do nosso Pai, pois humano nenhum conseguirá. Mas sabemos que o que Ele tem preparado para você é infinitamente maior do que tudo que você conseguir pensar. Ele tem o melhor para sua vida e Ele quer te dar. Esse é o momento de você ficar o mais tranquilo possível e se permitir vivenciar essa jornada. Vamos lá!

Ele, nosso Pai, agora te pega nos braços, e te coloca a deitar nos braços d'Ele:

> Salmos 68:19 (NVT) – Louvado seja o Senhor; louvado seja Deus, nosso salvador! *A cada dia ele nos carrega em seus braços.*

Sim, Ele te carrega em Seus braços de amor, então não há o que temer. Agora, nada/jamais limitará você a viver próximo ao Pai.

Nesse momento, Ele te convida a fechar os olhos, a respirar bem fundo, a sentar-se e/ou a deitar-se, da forma como for melhor para você, e lhe diz:

"Filho, sinta o Meu amor. É um amor divino que não há nem jamais existirá explicação, pois

Eu Sou Amor, a minha essência é amor. A paz que lhe dou, essa paz transcende a barreira do entendimento humano, você jamais conseguirá entender. Tudo filho, que lhe dou, transcende o racional, transcende o entendimento, transcende a sua base de conhecimento, pois você jamais conseguirá entender, ver e/ou discernir quem Eu Sou e o tamanho do Meu Amor por você".
Esse foi o Pai falando com você, segurando-o em Seus braços. Ele ama estar ao seu lado e cuidar de você, Ele deseja estar sempre pertinho, conversando e cuidando de você. Essa é a vontade de Deus-Pai. E hoje Ele te faz um convite: deseja que você esteja com o coração voltado para Ele.

O Pai convida-o a orar e a entregar a Ele o controle de sua vida. Esta é a oração: (leia em voz alta e renda-se à vontade do Deus). Aqui começa a sua jornada rumo a *Uma Vida Guiada por Deus*.

Salmos 25:4-5 (NVT) – *Mostra-me o caminho certo, SENHOR, ensina-me por onde devo andar. Guia-me pela tua verdade e ensina-me, pois és o Deus que me salva; em ti ponho minha esperança todo o dia.*

Sim, o filho (você) agora dá livre acesso ao Pai, que consegue, então, orientá-lo, cuidá-lo, ensiná-lo e guiá-lo, pois o filho demostrou amor, confiança, fé e humildade ao aceitar ser guiado e ensinado pelo Pai. O filho reconhece:

Isaías 64:8 (NAA) – *Mas agora, SENHOR, tu és o nosso Pai. Nós somos o barro, e tu és o nosso oleiro; e todos nós somos obra das tuas mãos.*

Sim, a humildade do filho transparece, ele (você) entendeu que precisa ser guiado pelo Pai, que foi feito do barro e quem molda esse barro é o próprio Pai. O filho compreende que tudo o que provém do Pai é bom, perfeito, imutável, que o Pai é luz, é o Deus-Pai Criador:

Tiago 1:17 (NBV-P) – *Mas tudo quanto é bom e perfeito vem de Deus, o Criador de toda luz, e que resplandece para sempre, sem mudança nem sombra.*

O filho, então, compreende que o Pai é perfeito e que tudo que provém do Pai é luz. Ao dar o acesso total de sua vida para o Pai, o filho reconhece o Pai amoroso, bondoso, Pai de amor; ele sente em seu espírito e crê que o Pai é o único que pode guiar o seu caminho.

2Samuel 22:31 (NAA) – *O caminho de Deus é perfeito; a palavra do Senhor é confiável; ele é escudo para todos os que nele se refugiam.*

Sim, o caminho do Pai é perfeito, confiável, Ele é escudo para os que n'Ele refugiam. Ele é dono e Senhor de tudo que existe e o filho reconhece a soberania e a perfeição do Pai, pois:

Salmos 103:19 (NAA) – *Nos céus, o SENHOR estabeleceu o seu trono, e o seu reino domina sobre tudo.*

O Pai reina, Ele é Rei e Senhor, não há outro como Ele.

Salmos 93:1a (NVI) – *O SENHOR reina! Está vestido de majestade; o SENHOR está vestido e armado de poder!...*

O filho reconhece que o Pai reina, Seu Pai é Rei e está vestido de poder. O filho vê que de tão perfeito que o Pai é, Ele o protegerá e o guiará, então o filho clama em voz alta (fale em voz alta):

Salmos 16:1 (A21) – *Protege-me, ó Deus, pois em ti me refugio.*

O filho declara que o Pai é aquele que o protege. Ele é Rei, o Seu exército de anjos é maior do que podemos pensar e/ou imaginar:

> 2Reis 6:17 (NBV-P) – Então Eliseu orou: *"Ó SENHOR! Abra os olhos do meu ajudante para que ele veja!". E Deus abriu os olhos do jovem, e ele viu as colinas cobertas de cavalos e carros de fogo ao redor de Eliseu!.*

Nesse momento oremos ao Pai:
– **Pai, assim como fizeste com Eliseu, sei que o Senhor fará por mim, sei que o Senhor enviará o Seu exército de anjos para me proteger e me cuidar. Sei, Pai, que se os meus olhos estiverem fechados como aconteceu com o ajudante de Eliseu, sei que o Senhor os abrirá. Eu clamo, Pai, abra os meus olhos; abra, Pai, para que eu possa ver toda a sua Glória por onde eu caminhar, para que eu possa contemplar tudo o quanto Tu és e faz; abra os meus olhos, Pai, pois eu quero ver Seus cavalos e carruagens de fogo.**

Após essa oração, o filho (você), sem perceber, entra em um estado de Paz. É uma paz que transcende o conhecimento humano.

Filipenses 4:6-7 (NVI) – *Não andem ansiosos por coisa alguma, mas em tudo, por meio da oração e da súplica, com ação de graças, apresentem os seus pedidos a Deus. Então, a paz de Deus, que excede todo entendimento, guardará o coração e a mente de vocês em Cristo Jesus.*

Sim, o filho entra em uma paz inigualável, e para mantê-la e ter uma caminhada saudável com o Pai, além de o filho dar livre acesso ao Pai a sua vida, ele também precisa entender a importância da oração e da súplica, ele precisa aprender a conversar com o Pai de perto. O Pai está ali, o Pai lhe dá livre acesso, então já não há o que o impeça de se achegar a Ele. E o filho também começa a entender a importância de dar graças por tudo:

1Tessalonicenses 5:18 (ARC) – *Em tudo dai graças, porque esta é a vontade de Deus em Cristo Jesus para convosco.*

Sim, agora o filho começa a entender que além de orar, ele também precisa dar graças por tudo que ele for fazer e abençoar antes mesmo de começar um projeto, e abençoar tudo por onde ele passar.

> **Salmos 75:1 (NAA)** – *Graças te rendemos, ó Deus, graças te rendemos! Invocamos o teu nome, e declaramos as tuas maravilhas.*

Sim, ao dar graças, uma porta da plenitude divina se abre – é a porta das bênçãos, é o filho (você) a dizer: "Tudo o que eu faço, eu faço para agradar ao meu Pai. Tudo é para agradar e para honrar o nome d'Ele, pois em tudo, mesmo antes de eu pensar em fazer, eu invoco o nome do meu Deus-Pai e declaro aos ouvidos que quiserem ouvir que Ele é o Deus de maravilhas, Ele é o meu Pai, e tudo que eu fizer, Ele irá me abençoar, pois será para a glória e honra d'Ele".

O livre acesso ao Pai é nítido. Agora é tempo de sempre ter e manter esse relacionamento com o Pai; é sempre conversar com o Pai e dar graças a Ele por tudo; é tempo de dizer a Ele como foi o seu dia, é falar com Ele sobre tudo. E se por ventura algo vier a afligir o seu coração não se esconda d'Ele, apenas lhe diga o que está lhe acontecendo.

É sempre falar a verdade para o Pai, e como sua identidade já foi restaurada não há mais limitações que o impeçam de ter a vida de intimidade com Ele. Agora nada mais pode impedir, você tem livre acesso ao Pai. Você já trocou de nome de filho perdido para filho, suas vestes foram trocadas e a única hereditariedade que virá sobre sua vida são de bênçãos divinas. É tempo de ir além, de olhar e perceber que antes mesmo de você iniciar um projeto em sua vida é preciso gerar em oração, é preciso perguntar ao Pai se aquilo agrada a Ele, se é isso que Ele tem para você. É tempo de ir mais além, de projetos divinos serem executados por você, porém guiados e dados por Deus.

Lucas 11:9-10 (NAA) – *Por isso, digo a vocês: Peçam e lhes será dado; busquem e acharão; batam, e a porta será aberta para vocês. Pois todo o que pede recebe; o que busca encontra; e a quem bate, a porta será aberta.*

Sim, Jesus é nosso intercessor junto ao Pai, sentado à direita do Pai, o Verbo de Deus encarnado, nosso Senhor Salvador e Consumador, o Cordeiro sem mácula. É Ele quem nos ensina que tudo o que pedir em nome d'Ele e em oração nos será dado; é pedir ao Pai e receber, é buscar e achar. É simples assim! Não há dificuldade alguma, pois o filho (você) agora anda debaixo do direcionamento divino, então receberá bençãos em abundância.

Hoje, o Deus-Pai caminha junto a você e se agrada de você assim como aconteceu com Salomão, filho de Davi.

> **2Crônicas 1:1 (NAA)** – *Salomão, filho de Davi, fortaleceu-se no seu reino, e o Senhor, seu Deus, estava com ele e muito o engrandeceu.*

Assim como aconteceu com Salomão, acontecerá com você: hoje, à destra do Pai te sustenta. Você é o filho que se rendeu aos pés do Pai, agora você está aberto a fazer tudo que Ele te orientar a fazer. Assim, o Pai se agrada da sua obediência, do seu amor por Ele, e te pergunta, assim como perguntou a Salomão.

> **2Crônicas 1:7 (NVI)** – *Naquela noite, Deus apareceu a Salomão e lhe disse:* – *Peça-me o que quiser, e eu darei a você.*

E hoje, Deus-Pai te pergunta: – filho, o que quer que eu te faça? Peça e eu te darei.

Sim, agora é tempo de pedir ao Pai o que você deseja, o que você precisa. Ele, o Pai, está de braços abertos, e quer te ouvir. Peça com sabedoria e discernimento, lembre-se de que você não é mais um filho perdido, Deus-Pai já restaurou a sua identidade e Ele te chama pelo seu nome, então tudo que for pedir, que esteja de acordo com a essência d'Ele. O filho hoje compreende que seu espírito está alinhado ao Espírito do Deus-Pai – é Ele quem testifica. O filho, então, deseja viver alinhado à vontade do Pai, vivendo no sobrenatural de Deus, e entende.

Hebreus 11:1 (ARA) – *Ora, a fé é a certeza de coisas que se esperam, a convicção de fatos que não se veem.*

Salmos 71:1 (ARC) – *Em ti, Senhor, confio; nunca seja eu confundido.*

1João 4:8 (ARC) – *Aquele que não ama não conhece a Deus, porque Deus é amor.*

Assim, para se viver ao lado do Pai é preciso amor. É preciso ver amor em tudo que for olhar; é preciso ver o amor em tudo em que seus pés adentrarem; é preciso ver o amor em todas suas atitudes; é preciso ver o amor em todos os seus pensamentos; é preciso ver o amor em tudo, simplesmente em tudo, pois Deus, nosso Pai, é amor.

É ter com você o amor por todos, o amor incondicional em tudo. É se permitir fluir nesse rio de amor, é se permitir fluir no rio da imensidão do nosso Pai, é não se preocupar com nada, pois Ele tudo provê, e Ele faz infinitamente melhor do que pedimos e pensamos.

Agora, a sua mente, a sua alma e o seu coração estão vinculados ao Deus-Pai de forma muito próxima, então tudo que você fizer será para a honra e para a glória d'Ele, e tudo é por Ele e para Ele.

É se fortalecer no amor, na fé, na comunhão através da leitura/estudo de Sua Palavra (Bíblia) diariamente, pois ela nos conecta a Deus-Pai profundamente e ali Ele fala conosco de uma forma sobrenatural e nos habilita/capacita ao propósito d'Ele em nossas vidas.

2Timoteo 3:16-17 (NAA) – *Toda a Escritura é inspirada por Deus e útil para o ensino, para a repreensão, para a correção, para a educação* *na justiça, a fim de que o servo de Deus seja perfeito e perfeitamente habilitado para toda boa obra.*

É ter a fé incondicional, aquela fé inabalável, que mesmo quando há situações desagradáveis e/ou que pareçam não ter solução, é essa fé que sabe e crê que Deus-Pai proverá... Sim, Ele fará... Ele já tem tudo preparado e no momento certo Ele fará.

Agora sua vida é para agradar ao Pai, é viver a vida sob a direção de Deus-Pai. Agora você entende que a oração é essencial para o bom relacionamento com o Pai, que a oração abre portas e transforma o natural em sobrenatural.

Agora você também entende que para se viver no sobrenatural de Deus-Pai é preciso caminhar de forma sobrenatural, é preciso pensar de forma sobrenatural, é preciso viver o sobrenatural.

E chegamos ao fim desta viagem!

Foi um prazer caminhar com você até aqui.

Que a paz do nosso Senhor Jesus esteja sobre sua vida hoje e sempre!

Que você viva! Que você seja feliz! Que você prospere!

Abraços.

grupo novo século

Compartilhando propósitos e conectando pessoas

Visite nosso site e fique por dentro dos nossos lançamentos:
www.gruponovoseculo.com.br

Ágape

(f) facebook/novoseculoeditora
(ⓘ) @novoseculoeditora
(𝕏) @NovoSeculo
(▶) novo século editora

gruponovoseculo.com.br

Edição: 1ª
Fonte: Lygia